슈퍼리치의 메모

슈퍼리치의 메모

신동일 지음

하루 1분,
인생을 바꾸는 성공습관

이콘

7분, 하루 7분의 쓰기 습관으로 인생이 바뀔 수 있을까?

내가 오랫동안 가슴속에 품어온 화두다. 그래서 그간 시중에서 구할 수 있는 다이어리는 모두 구입해서 사용해봄은 물론 지난 20년간 써왔던 포켓용 수첩 27개, 일기장을 뒤적이며 그 화두에 대한 답을 구하기 위해 노력해왔다.

우리는 정신없이 돌아가는 현실에 흔히 자신을 잊고 지낼 때가 많다. 하지만 짧은 시간 동안만이라도 자기를 돌아본다면 누구나 현재의 나를 자각하고, 살아 있는 존재인 나 자신에게 깊은 경외감을 느끼게 된다. 그럼에도 인생은 짧고, 태어난 날짜는 알지만 죽는 날짜는 그 누구도 알지 못한다.

분명한 사실은 살아 있는 사람 모두 언젠가는 반드시 죽는다는 것이다. 지금부터 죽기 전까지 우리에겐 유한한 짧은 시간이 남아 있을 뿐이다. 다가올 죽음과 앞으로 남은 시간을 생각한다면 좀 더 삶에 진지해지고, 또 기왕 사는 것이니 후회 없이 잘 살고 싶어진다.

후회 없는 인생이란 남에게 휘둘리는 인생이 아닌, 내가 내 삶의 주인인 자기주도적 삶이다. 그리고 이 주도적인 삶에 꼭 필요한 것이 인생의 방향을 제시할 나침반이다. 내게는 초등학교 이후 계속 써오던 일기장과 직장생활을 시작할 때부터 적기 시작한 포켓용 수첩이 나침반 역할을 해주었다. 이런 기록들은 스스로 목표를 세우고 작은 성취를 이루어온 나 자신을 보여주는 것들이었다. 어느 날 문득 돌이켜보니 부자와 관련된 다섯 권의 책을 낸 것도, 샐러리맨으로서 마케팅 분야에서 일가를 이뤘다 자부할 수 있는 것도 매일 조금씩 시간을 내서 적은 나만의 작은 수첩에서 비롯된 것이라는 사실을 깨닫게 되었다.

10년 이상 대한민국 1% 부자들의 자산을 관리하면서 그들의 일거수일투족을 관찰한 뒤 내린 결론도 마찬가지다. 부자가 된 사람들 역시 중요한 사업계획서부터 통장의 만기 관리에 이르기까지 뭔가를 끊임없이 적고 점검한다. 그렇다고 그러한 메모 작성에 오랜 시간이 걸리는 것도 아니었다. 평균으로 따져보면 하루 7분 정도의 짧은 시간, 뭔가 생각날 때마다 습관적으로 수첩에 메모하는 분들이 대부분이었다. 부자가 됐든, 자기 분야에서 일가를 이룬 사람이 됐든 말이다.

이런 분들은 인생의 목표 설정은 물론 종잣돈을 비롯한 자산 관리에 있어서도 자신만의 수첩을 활용하고 있었다. 종이 수첩이 아닌 스마트기기를 활용하는 분들도 많았지만, 중요한 것은 수단 자체가 아니라 뭔가를 계속 적어왔다는 사실이다. 내한민국 1%의 부자들을 숱하게 만나면서 느낀 그들과 일반인의 차이점은 오직 이것 하나, 자신만의 수첩을 가지고 있으며 그것을 제대로 활용하고 있다는 것이었다.

시중에 널려 있는 보통의 다이어리로는 뭔가 채울 수 없는 부족함과 불만족스러움을 느꼈던 것도 이 때문일지 모르겠다. 단순한 일정 기록과 약속 관리 정도라면 일정관리 앱을 사용해도 충분하겠지만, 단 한 번뿐인 인생을 낭비하지 않고 주도적으로 살아가려면 짧은 시간이라도 인생 목표를 계획하고 점검하는 것이 필요한데 이를 만족시켜주는 다이어리를 찾기란 그리 쉽지 않았다.

그간 나는 내 인생을 담을 수첩을 찾기 위해 무던히도 많은 노력을 했다. 요즘 유행하는 스타벅스 다이어리 4종 세트부터 프랭클린 플래너, 몰스킨 등 시중에 있는 모든 다이어리와 수첩을 구입했고, 덕분에 내 로망이었던 랜드로버 디스커버리 4를 포기해야만 했다. 또한 1% 성공한 사람들의 수첩을 빌려 보고 스스로 써보며 '인생 로드맵 북'을 찾기 위해 노력했고, 그 과정 끝에 얻은 결론을 이 책에 담았다.

사람마다 꿈은 다르다. 지향하는 바도 천차만별이다. 하지만 공통점은 있다. 누구나 단 한 번뿐인 인생을 후회 없이 잘 살고 싶고, 돈 걱정 없이 시간적·경제적 자유를 얻고 싶어 한다는 사실이다. 당신이 진정으로 그렇게 되고 싶다면 이 책을 끝까지 읽기 바란다.

하루 7분, 딱 7분만 시간을 내보자.

그 정도 시간은 아무리 바쁜 사람도 누구나 낼 수 있다. 하루 7분만 당신만의 수첩에 뭔가를 적어보자. 바라는 일을 적어도 좋고 꿈, 사업계획서도 좋다. 신기한 것은 그렇게 적은 것이 쌓이면 특별한 노력을 기울이지 않아도 절반은 이루어진다는 것이다. 믿기 어렵겠지만 이는 내가 직접 경험한 사실이고, 내 가까운 지인들 역시 같은 경험을 공유한 바 있다. 내 말이 그저 허망한 소리라 여겨진다면 더 이상 이 책을 읽을 필요가 없다. 다만 내가 남자의 로망까지 과감하게 포기하며 이 책에 1년을 온전히 바쳐 투자한 책이라는 점에서 한번 믿고 따라와주길 바랄 뿐이다.

큰 부자의 꿈을 이룬 것은 아니지만 나 역시 샐러리맨으로 작은 성취를 이룬 사람이다. 다섯 권의 경제경영서를 냈고 금융권 최초로 삼성, 교보, 한화 생명의 베스트 파트너상을 수상했으며, 제1회 대한민국 PB Private Banker 대상까지 받았고 인센티브로만 30회 이상의 해외여행을 다녀왔다. 내 자랑을 하려는 것이 아니다. 이런 성취를 이뤄낸 비결이 20년 이상 써온 나만의 수첩에 있었다는 것을 강조하기 위해서다. 자기 분야에서 1% 안에 드는 사람들과 수많은 부자들이 자신만의 수첩으로 꿈을 이뤘다면 당신도 그렇게 될 수 있지 않을까?

이 책의 목적은 세상에서 가장 소중한 당신이 자신을 자각하고, 자신만의 멋진 수첩을 만들어감으로써 자기주도적인 삶을 사는 데 도움을 주는 것이다. 당신이 하루 7분의 투자를 통해 앞으로 펼쳐질 3년, 5년, 10년 뒤의 인생을 후회 없이 살아갈 수 있다면 나로서는 더 바랄 것이 없다.

사실 적는 것의 중요함은 모두 알고 있지만 어떻게 적어야 하는지, 꾸준히 적는 방법은 무엇이고 실제로 효과를 내려면 어떻게 해야 하는지는 잘 모른다. 그래서 이 책의 후반부에는 내가 권하는 수첩 활용법을 제시했다. 당신보다 조금 먼저 '수첩 잘 쓰기'에 도전한 선배로서의 내 생각을 담은 것이니 모쪼록 도움이 된다면 좋겠다.

성공한 사람들은 "나 이렇게 했어요!"라고 대놓고 말하지 않는다. 부자들 역시 "나 이렇게 돈 벌었어요"라며 자랑하는 일이 결코 없이 조용히 혼자 성공의 길을 걸어간다. 하지만 좋은 습관은 함께 나누고 자신의 습관으로 익혀가는 편이 좋겠다는 것이 내 생각이다. 점점 살기 어려워지는 세상이지만 그런 과정을 통해 더 많은 성공자가 나오길, 또 그 사람들이 궁극적으로 사회에 기여하고 좀 더 살맛나는 세상을 만들기를 희망한다. 그러한 성공을 향해 가장 빠르고 효과적으로 다가가는 길은 자신만의 수첩을 적고 활용하는 것이다. 단 한 번뿐인 인생을 멋지게 살아내고 그 꿈의 기록을 온전하게 담은 단 한 권의 수첩! 그것에 나는 감히 '마이 라이프북'이라는 이름을 붙였다.

나는 당신이 이웃을 배려하고 어려운 순간에도 매번 최선을 다하는 멋진 사람일 것이라 확신한다. 하지만 때로는 많이 외롭고 힘들며, 가슴은 뜨겁지만 현실의 무게에 짓눌릴 때도 있을 것이다. 그래도 뭔가 자신을 제대로 실현해보고 싶은 마음이 있지 않은가? 그 가슴 뜨거운 여정을 위해 당신만의 멋진 인생 수첩을 만들어보길 바란다. 이 책의 성공 사례와 예시는 어디까지나 참고용이고 수첩의 양식 또한 마찬가지다. 제일 이상적인 마이 라이프북은 당신 스스로 창조하고 만드는 것이다. 그 신나는 도전에 이 책이 징검다리 한 개 정도의 역할을 할 수 있다면 더 바랄 것이 없겠다.

세상에서 가장 소중한 사람은 바로 당신이다.
하루 7분, 당신의 위대한 도전을 힘차게 응원한다.
당신만의 '마이 라이프북'과 함께.

2019년 여름
신동일

차례

1부

성공한 사람들은
항상 무언가를 적는다

1.
무엇이든 적는 배인숙 사모님

70대의 배인숙 사모님은 전형적인 흙수저 출신으로 슈퍼리치의 반열에 올라선 분이다. 열심히 공부해서 의대에 합격했지만 가난한 집안의 가장 역할을 하느라 대학생활 내내 동생 세 명의 학비와 생활비를 책임져야 했다. 의사가 되긴 했지만 모아놓은 돈이 없다 보니 처음에는 다섯 평짜리 단칸방에서 지냈으나, 조금씩 자산을 늘려 지금은 30억 원대 금융자산과 요즘 연일 매스컴에 오르내리는 강남 요지에 20억 원대의 재개발 아파트 두 채를 보유하고 있다.

흙수저도 금수저가 될 수 있다면 얼마나 좋을까? 누구보다 나 자신이 배 사모님의 성공스토리가 무척 궁금했다. 그녀는 어떻게 남들이 부러워하는 대한민국 1% 부자가 되었을까? PB로 자산관리를 하는 내내 대한민국 1% 부자들의 성공 노하우가 궁금했던 나는 부자의 일거수일투족을 세심하게 관찰하며 배우게 되었다. 배 사모님은 그 롤모델 중 가장 인상 깊었던 분이다.

은행에서는 매년 연말이 되면 고객에게 포켓용 수첩을 배부한다. 검정색 커버로 싸인 손바닥 크기의 이 수첩은 1년 달력과 주간 다이어리로 구성되어 있고, 내지는 100페이지 정도다. 배 사모님은 은행에 올 때마다 이 수첩을 꺼내 0.5밀리미터 샤프로 무언가를 꼼꼼하게 기록했다. 그분의 수첩은 자주 적고 사용한 탓에 손때도 묻었고, 두께 역시 두 배로 두툼해져 있었다. 배 사모님이 수첩에 적은 사항들은 통장의 만기일, 새로 가입한 상품에 대한 계좌번호나 목표 수익률, 그날 방문해서 처리한 업무부터 동창회 모임에 대한 점검, 여행경비 송금, 사소한 일상사 등 다양했다.

나는 그 작은 수첩에 어떻게 그렇게 많은 내용을 적을 수 있는지 신기하기만 했다. 한번 상상해보자. 손바닥만 한 크기의 종이에 12개 칸을 만들고 일상의 중요한 키워드를 그 안에 적어놓는다는 것을 말이다. 신기하게도 배 사모님은 이렇게 중요한 것을 적어두면 마음이 편안해지고, 나이가 70이 넘었어도 단 한 번도 모임이나 중요한 약속을 깜빡 잊어버린 적이 없다며 밝은 웃음을 지었다.

그분의 핸드백에는 전년도 수첩과 올해 수첩이 동시에 들어 있고, 그와는 별도의 메모를 할 수 있는 수첩이 한 개 더 들어 있다. 총 세 개의 수첩이 핸드백에 있는 것이다. 상담실에서 은행 창구와 상담실을 오가는 사이사이에 생기기 마련인 20분 정도의 대기 시간에도 배 사모님은 수첩에 메모를 하거나 경제신문을 꼼꼼하게 읽고 있다. 이미 반백이 된 머리는 40년 의사생활과 함께 지나온 세월의 흔적을 보여주고, 표정은 한없이 채맑으며 눈망울은 초롱초롱하다. 그런 배 사모님에게 당신만의 수첩 적는 노하우를 물어보니 의외로 간단한 대답이 돌아왔다.

"처음부터 너무 잘 적을 필요는 없어요."

사모님은 미소를 지으며 자신의 너덜너덜해진 수첩을 보여준다. 정성 들여 쓴 수첩에는 중요한 사안부터 사소한 일상까지의 온갖 정보와 일정이 기록되어 있다. 각 페이지의 내용은 주요 사안에 따라 구분선을 그어둔 덕에 한눈에 파악이 되었고, 글씨 또한 또박또박하여 전체적으로 알아보기 쉬웠다. 그날그날의 중요한 일들을 블록으로 만들어놓은 점도 특이했다. 배 사모님이 이렇게 써온 당신만의 수첩은 벌써 30권 정도 된다고 하니, 족히 책 서너 권에 이르는 분량이다.

사모님이 수첩을 적기 시작한 것은 대학에 들어가고부터다. 시골에서 열심히 공부한 결과 서울의 소위 명문대 의대에 들어간 그녀는 집안이 가난했던 터라 과외 등 아르바이트를 통해 혼자 고학하며 생활해야 했다. 그러다 보니 매월 과외 등 수입과 더불어 매월 지출하는 월세, 생활비, 교재 구입비나 수업료 등의 항목 등을 꼼꼼하게 적어야 했다. 매월 조금이라도 빚을 지거나 지출이 커서 곤란해지면 안 되기 때문인데, 돈을 철저하게 관리하는 습관도 그때부터 들었다고 한다.

종잣돈 만드는 부자들의 습관

"수입에서 지출을 뺐을 때 얼마가 되어야 한다고 생각해요?"

배 사모님이 어느 날 문득 내게 질문을 던졌다. 얼마면 될까? 머뭇거리고 있는 내게 사모님은 호호 웃으며 답했다.

"1원 이상이면 돼요."

PB 생활 초기에는 '수입 – 지출〉1원'이어야 한다는 이 말의 의미를 솔직히 몰랐었다. 하지만 배 사모님뿐만 아니라 내가 자산관리를 맡은 모든 부자들은 1원의 소중함을 몸소

보여주었다.

　정기예금 등이 만기가 되어 해약하면 돌려받는 금액에 얼마의 돈을 더해 조금이라도 더 큰 목돈을 만들어 통장에 재예치하는 것이 부자의 가장 큰 특징 중 하나다. 가령 정기예금 만기액이 950만 원 혹은 970만 원이라면 어떻게든 50만 원 또는 30만 원을 별도로 마련해서 1,000만 원짜리 정기예금 통장을 새로 만드는 식이다. 이때의 '별도로 마련한 돈'은 그들이 그동안 모아왔던 잔돈으로 만드는 것임을 나는 자주 목격한 바 있다. 부자들은 한결같이 1원이 돈의 기본 난위임을 알고 이를 철저하게 자산관리에 적용하고 있는 것이다. 만약 당신에게 중요한 약속이 있는데 50원이 부족해 버스를 타지 못하고 걸어가야 할 상황이라면 이런 습관을 결코 우습게보지 못할 것이다.

　또한 '수입에서 지출을 뺐을 때 1원 이상이 되어야 한다'는 것은 결국 어떠한 경우에도 자신의 수입보다 적은 지출을 유지한다는 부자의 습관을 대변해주는 말과 같다. 부자들은 카드할부나 대출이자, 외상 혹은 남에게 돈을 빌리는 것을 죽도록 싫어한다. 이러한 것들은 모두 현재 자신의 수입에 비해 지출이 크기 때문에 생기는 것일 뿐 아니라, 자기 능력에 비해 과도한 지출을 하면 잠시나마 만족스러울지언

정 그 결과가 어떠한지를 뼈저리게 체험한 바 있기 때문이다. 의사로 40년을 일했지만 개업의가 아닌 월급의사로 지냈고, 여러 동생을 뒷바라지하며 자수성가한 배 사모님도 마찬가지였다.

또한 그분은 항상 목표를 정했다. 종잣돈 1억 원 마련, 내 집을 포함한 10억 원대의 자산 마련, 수익형 부동산을 갖춘 30억 원대의 자산 마련 등이 그것이었다. 이렇게 단계별 목표를 정하고 또 그것을 실현시키면서 슈퍼리치 반열에 오른 배 사모님의 비결은 대학생 시절부터 꼼꼼하게 적어온 수첩에 있었다.

"솔직히 적지 않으면 좀 불안해요. 무언가 놓치거나 잊어버린 것 같은 생각도 들고……."

배 사모님이 녹차를 한잔 마시며 미소를 지었다. 적는 것에 대해 배 사모님은 천천히 말을 이었다.

"하루 중 짬짬이 시간을 내어 나만의 수첩을 적다 보면 중요한 일들이 정리되기도 하고, 중요한 아이디어가 떠오르기도 하죠. 기본적으로는 매 순간을 알차게 보내고 있다는 생각이 들어요."

배 사모님은 지금도 자신의 가장 큰 보물은 40년 전부터 적기 시작한 손때 묻은 수첩이라고 이야기하며 웃는다.

사실 세상에 태어난 모든 사람 중 소중하지 않은 이가 어디 있겠는가? 누구나 자신을 소중하게 생각한다. 하지만 정작 그 소중한 자신을 가꾸고 키워가는 노력은 하지 않는다. 그 노력이라는 것은 엄청나게 거창한 무언가가 아닌, 배 사모님처럼 매일 매일 작은 수첩을 적으며 돈과 일정을 관리하고 인생의 이런저런 목표를 한 가지씩 이루어나가는 것인데 말이다.

2.
미래부자를 꿈꾸는 대학생 김 군

생각해보면 내가 PB가 된 이후 지금까지 20여 년의 시간 동안 시장이 좋았던 적은 단 한 번도 없었던 것 같다. 하지만 힘들게 부자가 된 자산가의 소중한 자산을 어려운 시장상황에도 지키며 불려가야 하는 게 PB의 첫 번째 임무다.

PB가 만나는 VVIP 고객은 대개 하루 한 명에서 다섯 명 내외다. 숫자 자체는 적어 보이지만 슈퍼리치 한 분과 하는 자산관리 상담에는 보통 한 시간이 소요되고, 때로는 오전 시간이 꼬박 걸릴 때도 있다. 게다가 단순히 적금 하나를 새로 만드는 수준이 아니라 세무, 부동산, 법률 등의 면까지 고루 살펴 이루어지는 종합적 자산관리 업무기 때문에 PB 입장에서 준비해야 할 것들도 많다. 긴박하게 돌아가는 매일

매일의 시장 변화 속에서 펀드나 주식 등 고객이 투자한 상품에 대한 수익률 및 자산을 제대로 관리하는 일은 결코 쉽지 않다.

감동과 놀라움을 줬던 김 군의 이야기

내가 김 군을 처음 만났던 날도 눈코 뜰 새 없이 바쁜 날이었다. 내가 운영하고 있는 '꿈발전소 경제독립 아카데미'에 참석했던 김 군은 이미 한 달 전부터 메일과 문자를 통해 딱 5분만 시간을 내달라고 졸라왔다. 꼭 한 번 PB센터에 와서 자산관리에 관한 조언을 듣고 싶다는 것이었다.

사실 2012년 제1회 대한민국베스트뱅커 PB대상 수상 이후 나는 미래 금융인, 더 나아가 PB를 꿈꾸는 대학생들로부터 자주 전화와 메일을 받는다. 그들은 나를 다룬 언론 기사나 내가 쓴 책을 접한 뒤 PB라는 직업이 무엇이고 어떻게 하면 PB가 될 수 있는지 궁금하다며 만나고 싶어 한다. 여기에서 간단히 답하자면 PB는 하루 24시간, 365일 내내 고객과 연결되어 있어야 할 정도로 고객의 자산을 세심히 관리하는 직업이기에 '금융의 꽃'이라 불린다. 또한 부자가 되고 싶어 하는 이들이 가야 할 길을 가장 효과적으로 제시하는 길잡

이 역할도 해야 하므로 여러 모로 막중한 책임감을 가져야 함은 두말 할 필요가 없다.

어찌 됐든 나는 지속적으로 연락해오는 김 군의 열정에 감동해서 차 한 잔 마실 정도의 시간을 어렵게 마련했다. 김 군은 그날 자신의 자산현황을 종이에 정리해 왔는데, 그걸 보는 순간 그만 입이 딱 벌어지고 말았다.

20대 초반의 대학 2학년생이 2,000만 원이란 적지 않은 돈을 모은 것이다. 비결을 물어보니 김 군은 어깨를 으쓱하며 공익요원으로 근무하는 내내 받았던 월급을 한 푼도 쓰지 않고 모았다고 했다. 요즘 대학생이라면 으레 데이트 비용도 들 것이고 명품도 사고 싶었을 법한데 말이다.

나를 더욱 놀라게 한 것은 족히 열 개쯤 되는 통장이 들어 있는 통장지갑이었다. 대학생을 특별히 우대해주는 적금 통장부터 군인에게 특별 금리를 제공하는 적금통장까지 짧게는 1년, 길게는 3년 만기의 적금통장과 대기자금을 조금이라도 우대금리를 받고 넣어둘 수 있는 MMF통장도 있었다. 또한 나는 '경제독립 아카데미' 강연에서 부자가 되는 가장 빠른 길로 'CEO가 되는 것'과 '우량 주식을 보유하는 것' 두 가지를 제시했는데, 감동적이게도 김 군은 그 말을 듣자마자 주식계좌를 만들었을 뿐 아니라 모의투자를 통해 투자

연습도 하고 있었다. 어느 모로 보나 칭찬하지 않을 수 없을 정도로, 김 군은 20대 대학생이라고는 믿기지 않을 정도의 빠른 실행력을 발휘하며 종잣돈을 잘 만들어가고 있었다.

배 사모님처럼 수첩 활용도가 높았던 김 군 역시 포켓용 노트에 통장 계좌번호, 만기일, 목표금리 등을 꼼꼼하게 적어 두었다. 그런 모습을 보니 머지않은 미래에 부자가 될 김 군을 상상하는 것이 그리 어렵지 않았다. 세심하게 계획을 세우고 착실히 이행해온 김 군은 200만 원만 더 모으면 3,000만 원의 종잣돈 마련이라는 꿈을 현실로 만들 수 있다.

만일 김 군이 머리로만 돈 관리를 했다면 아마 종잣돈 마련에 실패했을 것이다. 아주 작고 사소하지만 남들과 차별화된 김 군의 힘은 자신만의 수첩을 이용해서 뭔가를 적는 데서 나왔다. 물론 우리의 현실이 답답하고 매우 어려운 것은 사실이고, 시급 또한 선진국에 비해 턱없이 낮은 것도 맞다. 편의점에서 아르바이트로 10시간을 일해도, 식당에서 무거운 불판을 닦고 서빙을 해도 월 100만 원의 종잣돈을 모으기란 결코 쉽지 않다. 그게 냉정한 현실이다.

그럼에도 김 군은 과외와 짬짬이 했던 아르바이트를 통해 자투리 돈을 모았고, 공익요원 기간 동안은 그 자투리 돈에 얼마 되지 않는 월급을 합쳐 종잣돈을 마련하는 성과를 거두었다. 통장 잔고가 늘어나는 재미에 빠진 김 군은 이미 미래의 부자가 되는 습관을 갖추기에 이르렀다. 현실은 냉혹하지만 그 가운데에서도 김 군처럼 작은 한 걸음 한 걸음을 내딛고 결과적으로 남들과 큰 차이를 만들어내는 사람들은 분명 존재한다.

부자의 습관을 따라 할 수 있게 하는 도구

김 군처럼 사는 게 한편으로는 궁색해 보일 수도 있다. '미래를 위해 오늘을 희생하는 것이 꼭 필요한가?'라는 질문을 하는 사람도 있을 것이다. 분명한 사실은 어떤 삶을 선택하든 그것은 본인의 결정이고, 그에 따른 책임 또한 자신이 져야 한다는 것이다.

내가 만난 대한민국 1% 부자들의 대부분은 70~80대라서 어릴 때 6.25 전쟁 등 지독하게 가난하고 어려운 시절을 겪은 분들이 많다. 그 당시 그분들이 가졌던 꿈은 따뜻한 쌀밥 한 그릇을 배불리 먹는 것이 전부였고, 가난에서 벗어나고 싶다는 절박한 심정에서 열심히 일하며 돈을 모아왔다.

그분들이 지나온 시대에 비하면 요즘에는 절박함이 사라진 것 같다. 물론 그때와 지금의 상황은 많이 다르지만, 뭔가를 이루고 전진하려면 고통을 참고 노력해야 한다는 사실의 무게감이 가벼워졌다는 느낌이 드는 것은 어쩔 수 없다. 인터넷에는 하루가 다르게 신상이 나오고, 우리는 한동안 더 사용해도 될 물건들을 습관처럼 신제품으로 교환하며, 자동차 역시 5년 정도만 지나면 새것으로 바꾼다. 무의식 중에 과소비와 낭비에 길들여진 것이다.

이렇듯 소비가 일상이 되어버린 시대지만 실제 1% 부자들의 애장품을 보면 30년은 넘게 사용한 손때 묻은 목도장, 20년 넘은 낡은 지갑, 10년 이상 된 서류가방 등 최소 10년을 넘긴 물건들이 수두룩하다. 돈이라면 차고 넘치는 그들이 왜 이토록 사소한 것조차 10년 이상 사용하는 것일까? 허튼 돈은 1원도 안 쓰는 습관이 몸에 배어 있기 때문이다.

부자가 되려면 이런 '부자 습관'을 장착하고 부자가 되는 길을 따라야 한다. 그런데 그 습관을 잡아주는 도구는 머릿속으로 생각하는 것이 아닌, 바로 손으로 적는 것이다.

부자들은 내게 자주 고백하곤 한다. "자산이 30억 원이 넘어가는 규모에 이르면 도저히 적지 않고서는 배길 수 없다"고 말이다. 자산이 커지고 인맥이 늘어날수록 정리와 메모의 기술이 필요하기에 1% 부자들은 자신만의 노하우를 담은 수첩을 하나 이상 마련하여 거의 항상 휴대하고 다닌다.

한번 생각해보자. 우리 같은 보통 사람들만 해도 예금만 기일을 잊어버린 채 한동안 그냥 묵혀두는 경우가 많은데, 여러 금융 상품을 통해 적지 않은 자산을 관리하는 부자들이라면 각각의 사항마다 얼마나 많은 신경을 써야 하겠는가? 또 과연 자신의 기억력이나 머리만을 믿고 그렇게 세세히 관리할 수 있겠는가? 아무리 사소한 사항이라도 미래의 꿈을 실현시키기 위해 수첩에 적는 것을 게을리하지 않는 습관은 그래서 중요하다. 바꿔 말해 미래 부자의 꿈을 현실로 만들어주는 유일한 도구는 바로 '나만의 손때가 묻은 수첩'이라는 뜻이다.

참고로 앞서 이야기했던 김 군에게는 훌륭한 아버님이 계셨다. 평범한 샐러리맨이셨던 아버님은 김 군이 매월 용돈의 30% 이상을 남겨놓지 않으면 불같이 화를 내셨다고 한다. 그 이유는 어떤 경우에도 30% 정도의 비상금을 따로 떼어두면 쓸데없는 데 돈을 쓰는 낭비를 줄여주고, 작은 돈이지만 조금씩 꾸준히 쌓아가면 목돈을 마련할 수 있기 때문이었다. 이런 아버님 덕에 김 군은 중고등학교 시절부터 철저하게 용돈을 관리하는 습관을 갖게 된 것이다. 어찌 보면 자녀에게 이런 좋은 습관을 만들어주는 것이 부모가 할 수 있는 가장 건강하고 튼튼한 경제교육이라 할 수 있겠다.

진도표 사용으로 성적이 올라간 민지 이야기

그러고 보니 적는 습관으로 성적을 올린 경우도 있다. 큰 딸아이의 친구인 민지는 고등학교 1학년 때부터 명문대 진학을 목표로 할 정도로 성적이 좋았다. 민지의 부모님은 딸을 뒷받침해주기 위해 학원과 과외 등 여러 사교육을 시켰다. 하지만 부모님의 기대와 달리 민지의 성적은 나날이 떨어졌고, 고등학교 2학년이 되자 학생부 성적으로는 서울 내에 있는 대학 진학이 어려운 상태에까지 이르렀다. 여러 고민 끝에 민지 부모님은 자기주도형 학습과 매주 컨설팅을 해주는 '공부혁명대'라는 학원에서 상담을 받게 되었다. 민지의 성적은 3개월이 지나면서부터 조금씩 올라갔고, 고 3인 지금은 서울의 4년제 대학에 수시전형으로 지원할 정도가 되었다.

민지의 이야기를 듣고 우리 부부는 딸아이도 그 학원에 보내보기로 했다. 딸아이는 스마트폰을 끼고 살 정도로 게임과 SNS에 빠져 있었고 공부에 대한 관심이 멀어진 상황이었기 때문이다. 그런데 딸아이의 성적 역시 6개월 뒤부터 조금씩 변화를 보였다.

학원의 비결은 매주의 학습목표를 학습진도표에 30분 단위로 적고 컨설팅과 병행하여 자기주도 학습이 가능하도록 이끌어주는 데 있었다. 6개월이 지나자 아이가 매일 적는 학습진도표의 분량도 작은 노트 한 권 정도로 늘어났다. 민지와 딸아이의 얘기를 들어보니 학습진도표를 적은 것이 성적 향상에 큰 도움이 되었다고 한다.

"매일 시간을 30분 단위로 쪼개서 24시간을 계획하고, 계획한 것을 점검하며 공부하니 훨씬 공부가 잘돼요."

9월 모의고사를 치른 딸아이가 이전보다 20점이나 크게 오른 수학 성적표를 보여주며 한 말이다. 언니의 공부법에 자극을 받은 둘째 역시 공부혁명대에 함께 나가기 시작했다. 학습진도표를 만들고 문구점에서 스프링으로 묶어 사용할 정도로 둘째에게는 진도표 작성이 습관으로 자리 잡았고, 성적 또한 많이 향상되었다.

삼수 끝에 서울대에 입학한 공부혁명대의 송재열 대장이 가장 강조하는 것 역시 '학습진도표를 사용한 자기주도형 학습'의 중요성이다. 송 대장은 "매주 일요일 저녁이면 다음 주의 계획을 미리 짜놓는 것이 수년째 이어져온 저만의 성공 비법이에요"라고 말하는데, 그의 노하우를 담은 것이 바로 공부혁명대의 학습진도표인 셈이다. 재수 뒤에 이화여대에 들어갔던 공부혁명대 윤의정 대표의 이야기도 이와 비슷하다. 윤 대표 역시 스스로 학습계획을 세웠고, 그날 계획했던 학습 내용과 실제로 공부한 것을 반드시 비교한 뒤 부족한 부분이 있으면 다음 날 더 열심히 하겠다고 다짐하며 잠자리에 들었다고 고백한다.

이처럼 무언가를 꾸준히 적는 것은 매우 중요하다. 나는 민지와 두 딸아이의 경험을 통해 공부에서도 이러한 진도표 작성이 큰 도움이 된다는 사실을 직접 확인할 수 있었다. 특히 통제력이 약해서 자칫하면 SNS 등 온갖 유혹에 빠져들 위험이 있는 학생 시절이라면 이런 경험이 꼭 필요하다고 생각된다.

3.
조앤 롤링의 꿈을 이루어준 스케치

조앤 롤링Joan Rowling은 세계적인 베스트셀러인 '해리 포터 Harry Potter' 시리즈를 쓴 작가다. 이혼녀 출신에 사회보조금을 받으며 근근이 생활했던 조앤 롤링은 어떻게 전 세계적인 베스트셀러 작가는 물론 영국 여왕보다 더 큰 부자가 되었을까?

다섯 살 때부터 동화를 쓰며 작가의 꿈을 키웠던 롤링은 어린 시절 친구들과 잘 어울리지도 못하는 성격이었다. 부모님은 딸이 안정적인 직업을 가지길 원했지만 글쓰기를 좋아했던 롤링은 대학 시절에 항상 책을 가까이하며 글쓰기에 집중했다. 졸업 후 얻은 비서직에서는 근무시간에 공상과 글쓰기를 한다는 이유로 수차례 해고를 당하기도 했다.

결혼한 지 2년 만에 남편의 폭력으로 이혼을 하고, 4개월 된 아이에게도 물에 탄 우유를 줄 수밖에 없을 정도로 어려운 환경에 처했던 조앤 롤링. 그녀는 커피 한 잔으로 하루를 버티고 유모차를 밀며 어렵게 판타지 소설을 써야 했다. 출판사에 원고를 복사해서 보낼 돈조차 없어 겨우겨우 구한 타자기로 8만 자에 이르는 글을 직접 타이핑한 뒤 12개의 출판사에 보냈지만 그녀의 글을 받아준 곳은 없었다. 이렇게 절망 그 자체였던 7년이라는 긴 세월을 그녀가 버틸 수 있었던 이유는 자신이 좋아하는 글쓰기를 놓지 않고 그에 정진했기 때문이다.

그녀의 성공을 이야기하는 데 있어서도 '적는 습관'의 중요성을 빼놓을 수 없다. '해리 포터' 시리즈로 이룬 조앤 롤링의 기적 같은 성공 스토리는 그녀가 구상한 작품을 종이에 간단히 스케치하는 데서 시작되었다. 그녀는 기차역을 오가는 틈틈이 '해리 포터'에 관한 구상을 종이에 스케치한 뒤 디테일하게 그려나가면서 작품을 완성했다고 한다. 글에 관한 사소한 아이디어부터 세세한 면면을 완성하기까지 지속적으로 메모지에 스케치를 했고, 그것을 세밀히 다듬는 과정을 통해 '해리 포터'라는 불후의 명작이 탄생한 것이다.

나 역시 병아리 작가 시절에 롤링의 영향을 많이 받았다.

사실 첫 책을 쓰겠다고 마음먹기까지는 큰 용기가 필요했는데, 그때 발견한 것이 그녀가 어려웠던 시절 '해리 포터' 이야기를 구상하며 쓴 메모지였다. 롤링 같은 작가가 되고 싶어 인터넷 포털 사이트를 검색하다가 발견한 그녀의 습작메모. 그것을 본 순간 내게는 '아, 글이란 이렇게 써야 하는 거구나' 하는 느낌이 들었다.

다섯 살부터 글쓰기에 집중했다는 롤링의 이야기를 보면 작가는 글 쓰는 재능을 타고나야 하는 것 같다는 생각을 지울 수 없다. 하지만 후천적으로 노력해서 유명 작가가 된 경우도 있으니, 베스트셀러 『개미』를 쓴 베르나르 베르베르 Bernard Werber가 그 대표적 예에 해당한다. 그는 시간을 정해두고 오전 내내 집중해서 글을 쓰는 것으로 유명하다.

어떤 분야에서 최고가 되려면 어느 정도 타고나는 재능에 후천적인 노력이 결합되어야 한다. 중요한 것은 1%가 된 사람들은 어떤 형태로든 자신만의 방법으로 실력을 가다듬고, 자신의 목표를 어딘가에 그리거나 적어놓는다는 것이다. 글을 쓰는 작가든 그림을 그리는 화가든, 그들이 거둔 성공은 자신의 아이디어나 영감을 종이에 적거나 스케치하는 작은 행동에서 출발했다는 점을 잊어서는 안 된다.

비록 지금 당신이 어려운 상황에 처해 있다 해도, 20대 이혼녀 시절의 조앤 롤링이 느꼈을 절박함과 비교해보면 다소 나마 위안을 받을 수 있을 것이다. 하지만 그것에 그치지 말고 한 걸음 더 나아가, 지금 상황에서도 당신의 마음속에 떠오르는 꿈의 씨앗을 종이에 적어보자. 꿈을 포기하지 않고 노력할 때, 사람마다 시간의 차이가 있을 뿐 꿈은 반드시 현실로 이루어진다.

1,000만 달러 수표 한 장

할리우드의 배우 짐 캐리Jim Carrey의 이야기도 조앤 롤링의 스토리와 비슷하다. 그저 평범한 영화배우였던 시절, 훗날 1,000만 달러를 받는 배우가 되겠다며 스스로 다짐했다는 그의 일화는 너무나 유명하다. 이런 그의 이야기는 MBC 프로그램 〈신기한 TV 서프라이즈〉에 '천만 달러의 약속'이란 제목으로 방영되기도 했다.

배우의 꿈을 키우던 짐 캐리는 무명시절 너무 가난했던 나머지 배고픔 때문에 빵을 주워 먹기도 했다고 한다. 그의 아버지는 실직자 상태였고 가난으로 너무 힘들어했는데, 그 무렵 짐 캐리는 문구점에서 구한 1,000만 달러짜리 가짜 백지수표를 아버지에게 드리며 "배우로 성공하면 진짜 수표를 드리겠다”고 약속했다. 그때 아버지는 아들이 건넨 수표를 돌려주면서 “지금의 약속을 항상 기억하라”고 당부했고, 짐 캐리는 힘들 때마다 아버지가 돌려줬던 수표를 꺼내 보며 용기를 냈다고 한다. 세월이 흘러 그는 영화 〈마스크The Mask〉로 큰 인기를 얻고 마침내 〈덤 앤 더머Dumb and Dumber〉로 1,000만 달러의 개런티를 받는 배우로 대성공을 하지만 이미 아버지는 돌아가신 후였다. 짐 캐리는 아버지의 관 속에 실제 1,000만 달러짜리 수표를 넣으며 아버지와의 약속을 지켰다고 한다.

내 고객 중에는 한의사로 명성이 높은 분이 있다. 하루는 우연히 저녁식사를 함께하게 되었는데, 그 자리에서 그분은 낡고 오래된 지갑을 열더니 100억 원짜리 수표 한 장을 꺼내 내게 보여주었다. 깜짝 놀라 자세히 보니 그 수표는 가짜였다. 흠칫 놀랐던 내 표정에 그분은 재미있다는 듯 설명을 덧붙였다.

“부자가 되고 싶다면 부자가 되는 마음을 품어야 합니다. 이렇게 나의 바람을 담은 100억 수표를 매일 보면서 의지를 다지고, 그러다 보면 꿈이 이루어지는 거죠.”

짐 캐리의 꿈이 이루어진 1,000만 달러짜리 수표처럼 실제 부자들 중에는 자신의 염원을 담은 수표를 지갑 속에 넣고 다니는 경우가 많다. 또한 그들은 자신의 각오를 다지는 글로 수첩을 채워가고 있다. 지갑 속의 가짜수표처럼 수첩 안의 글 역시 그들에게는 꿈을 이루는 도구가 된 것이다. 세상의 성공한 1%들 모두는 '적고, 노력하면, 이루어진다'는 법칙을 알고 있다.

4.
중소기업 사장의 꿈을 이루어준 노트의 힘

한국 에이엔디AND 전자저울 주식회사의 이재춘 사장 역시 짐 캐리처럼 자신만의 노트에 성공의 꿈을 적고 마침내 그것을 이룬 입지전적인 인물이다. 이 사장은 중학교 시절 노트에 '중소기업 사장 이재춘'이라고 적었다.

아버님이 사업가로 성공해서 남부럽지 않은 어린 시절을 보냈던 그는 아버지의 사업이 기울면서 어렵고 힘든 학창 시절을 지냈다. 가세를 다시 일으키는 방법은 다시 성공하는 것이었고, 다시 성공하려면 열심히 공부해야 했다. 외국어대를 졸업한 뒤 한전에 합격했지만 그는 3개월 만에 그만두었다. 아버님을 비롯해 주변의 큰 만류가 있었지만 그의 생각은 확고했다. 10년 뒤를 생각해보니 샐러리맨은 자신의 길이 아님을 느꼈기 때문이다. 현실적으로 힘들었지만 그는 중학교 시절 노트에 썼던 '중소기업 사장 이재춘'의 꿈을 떠올리며 1979년 10월, 저울전문 생산판매업체인 마포계기산업에 입사했다.

이 사장의 성공요인 중 중요한 것은 '중소기업 사장 이재춘'이라는 큰 꿈을 적었고, 그것을 이루기 위해 학창시절부터 착실히 준비했다는 것이다. 특히 동시통역이 가능할 정도로 일어와 영어 실력을 키운 것은 그의 큰 경쟁력이 되었다. 1%의 능력을 갖추는 것은 성공의 요건으로 매우 중요한데 이 사장은 평소 갈고닦은 어학 실력과 타고난 성실함 덕에 입사하자마자 능력을 인정받았다. 그는 외국에서 팩스가 오면 받자마자 즉시 답을 보냈다. 시차가 있는 외국 바이어의 입장에서 봤을 때 이 사장처럼 열심히 일하는 직원이 있는 회사는 신뢰할 수밖에 없다. 업무노트에 각종 일정과 약속을 꼼꼼하게 적는 것은 기본이었다.

1982년 무역과장으로 재직할 당시 회사가 부도를 맞자 그는 잠시 회사를 떠나 있었다. 그런데 외국 바이어가 그에게 개인적으로 도움을 청해왔다. 그만큼 그의 실력과 신뢰도는 이미 회사 차원을 넘어 이재춘 개인이란 브랜드로 구축된 것이다. 바이어는 이 사장에게 아무 조건 없이 당시 소형주택 한 채를 살 수 있는 300만 원이란 거금을 보내주었고, 그는 이를 발판으로 J. C 트레이딩이라는 저울회사를 차렸다. 때마침 그의 가능성을 눈여겨본 일본 기업 에이엔디가 합작을 제의해왔고, 1990년 12월 4일 일본과 합작하여 설립한 회사가 바로 지금의 한국에이엔디다. 그로부터 3년 뒤인 1993년에 한국에이엔디는 인천에 제작공장을 차리고 1995년에는 청주에 있는 공장을 인수해서 지금은 대한민국 최고의 저울회사로 우뚝 서게 되었다.

이 사장의 인생 스토리를 정리해보면 큰 꿈을 그린 것, 1%의 어학 능력과 업무 실력을 키운 것, 꼼꼼하게 자신만의 수첩을 활용해서 꿈을 적어나간 점이 성공의 밑거름이 되었음을 알 수 있다.

한번은 여의도 한강이 한눈에 바라보이는 그의 집에 꿈 발전소의 회원을 초청하여 멘토링을 한 적이 있다. 그때 이 사장은 자신의 영어 메모 노트를 보여줘서 사람들을 깜짝 놀라게 했다. 매일 아침 하루도 빠지지 않고 영어 뉴스를 들으며 주요 내용을 적은 그 노트는 그가 자기의 꿈을 현실로 만들기 위해 자신만의 방법으로 실력을 갈고닦으며 노력하는 사람임을 증명해주는 징표와도 같았다. 또한 1년 중 절반의 시간 동안 전 세계에 퍼져 있는 각국 바이어를 방문하며 글로벌 비즈니스를 하는 그에게는 여권만 해도 서류가방 하나가 넘을 정도로 많았다. 수많은 여권은 물론 탑승했던 비행기 티켓까지 날짜별로 깔끔하게 정리해둔 그의 모습에서 정말 배울 점이 많았다. 성공의 비결을 묻는 사람들에게 이 사장은 자신의 목표와 꿈을 종이에 적을 것을 강력하게 주문한다.

"생각은 휘발성이 강합니다. 꿈과 목표도 상황에 따라 흔들리기 마련이고요. 일관성 있게 꿈을 유지하고 현실로 만들어가려면 자신만의 수첩을 활용해서 메모하고 정리하는 시간을 갖는 것이 큰 도움이 됩니다."

실제로 그의 집무실에 가보면 비즈니스나 멘토링을 위해 찾아온 사람들의 명함이 가나다 순으로 가지런히 정리되어 있다. 잠시 짬이 날 때마다 그 명함들을 보면서 '이 사람과는 어떻게 서로 윈윈할 수 있을까?' 하는 생각에 잠긴다는 그는 세상의 어떤 사람에게서도 배울 점이 있다는 사실을 강조한다. 누구든 장단점을 가지고 있기 마련인데, 그 사람으로부터 장점은 배우고 단점을 반면교사로 삼으면 큰 도움이 된다는 것이다.

'어떻게 하면 1%의 실력을 갖출 수 있는가?'라는 질문에 대한 이 사장의 철학은 남다르다. 그는 '평생 교육'의 중요성과 힘을 믿는다. 실제로 그는 대학 졸업 후에도 박사학위를 취득했고 여섯 권 이상의 일본 경제서를 번역 출간하기도 했다. 1분 1초의 촌각을 다투는 글로벌 생존 전쟁터 한가운데에서도 틈이 날 때마다 끊임없이 배우는 노력을 기울여온 그는 "지식은 실시간으로 바뀌기 때문에 어제의 지식도 오늘 업그레이드하지 않으면 어느 순간 낡은 지식이 되어버리고 만다"고 이야기한다. 그는 아무리 비즈니스 때문에 술을 마신 다음 날이라 해도 일찍 일어나 자신이 정해놓은 공부를 함은 물론 글로벌 시장상황까지 꼼꼼히 파악한다.

이 사장은 '적는 것'이 자신의 인생을 성공신화로 만드는 방법이라 이야기한다. 모두가 부러워하는 직장에 과감하게 사표를 던지고 '중소기업 사장 이재춘'의 꿈을 좇아 정진했던 이 사장의 말이니 충분하게 믿고 따라 해볼 만할 것이다.

"누구나 자신을 믿고 자신만의 수첩에 꿈을 조금씩 써나간다면 원하는 바를 분명히 이룰 수 있다고 믿습니다."

사업이 작다고 노력까지 적을 수는 없다

1990년 초 갓 제대했던 손 사장은 여대 근처의 골목상권에서 화방으로 성공한 분이다. 대표적인 사양산업 중 하나인 화방을 운영하며 그가 성공한 비결은 무엇일까?

손 사장은 인사동의 화방에서 근무하며 일을 배웠다. 인사동에는 갤러리가 많다 보니 작품 전시회가 있을 때마다 작품을 액자로 만드는 주문이 꾸준히 들어왔다. 고등학교만 졸업하고 몇 개 직업을 전전하다 우연히 시작했던 화방 일은 손 사장의 적성에 딱 맞았다. 하지만 스마트폰과 SNS가 대중화되자 예전처럼 사진을 액자로 만들려는 수요도 크게 줄었고 갤러리에 전시될 작품의 액자 제작 의뢰를 제외하면 화방 일은 돈이 되지 않는 사양산업의 길을 걷기 시작했다. 거래처의 미수금이 많이 생기자 월급도 제대로 못 받는 경우가 늘어나면서 손 사장은 어쩔 수 없이 독립할 수밖에 없는 상황에 내몰렸다.

하지만 막상 본인의 화방을 차리려니 종잣돈이 부족해서 대로변에 번듯한 가게를 내는 것은 불가능했다. 적당한 가게 터를 찾던 그는 어느 여자대학교에서 좀 떨어진 골목 안쪽의 허름한 상가를 발견했고, 그곳에 어렵사리 화방을 열었다. 하지만 상도의상 예전에 근무하던 화방의 단골손님은 단 한 명도 빼앗지 않기로 결심했다. 완전히 새로 시작하겠노라 마음먹은 것이다.

손 사장은 수백 장의 명함을 인쇄해서 구석구석 돌렸다. 큰 대로변도 아닌 골목 안 화방을 찾는 손님이 없다 보니 그렇게라도 해야 했지만, 명함을 보고 방문하는 고객은 없었다. 화방을 연 뒤 몇 달 동안 한 건의 주문조차 받지 못하고 있던 어느 날 새벽, 새벽 1시 넘어 한 고객이 화방을 찾았다. 그런데 그의 용건은 액자 제작이 아니라 자기가 가져온 액자에 끈을 달아달라는 것이었다. 돈 되는 일도 아니니 거절해도 되었을 법한데, 손 사장은 정성을 다해 그 고객의 일을 해결해주었다. 손 사장 덕분에 전시회를 무사히 마친 그 고객은 손 사장에게 감동하여 단골이 되었을 뿐 아니라 다른 고객들을 소개해주기도 했다.

요즘 손 사장의 화방은 주말에도 쉬지 않고 밤늦게까지 일해야 할 정도로 주문이 밀려 있고, 매출도 몇 억 원에 이른다. 그는 "장사의 성패는 고객에게 달려 있고, 단 한 명의 고객이라도 진심으로 만족시키면 장사든 사업이든 성공할 수 있다"고 힘주어 강조했다.

"제 가장 큰 보물을 보여드릴까요?"

고객을 감동시킨 비결을 물으니 이렇게 답하며 손 사장이 내놓은 것은 바로 손때 묻은 수첩이었다. 검정색 표지가 너덜너덜해진 그의 수첩에는 그날그날의 방문고객 이름과 주문 사항, 개별 요청 등이 상세히 기록되어 있었다. 매년 한두 개씩 쌓아온 손 사장의 고객 수첩은 이제 열 개를 훌쩍 넘었다고 한다.

손 사장의 양해를 구해 자세하게 수첩을 살펴보니 그만의 수첩 활용 노하우가 분명하게 드러났다. 첫 번째는 빠짐없이 날짜를 기록하는 것이었다. 손 사장은 손님이 없는 날에도 날짜를 적고 그날 중요하다고 생각하는 일을 한 줄씩 빠짐없이 적어나갔다. 매일의 일지를 적는 것이 습관이 되어버려 이제는 무언가 적지 않으면 허전하다는 것이다.

"매일 단 한 줄이라도 적는 게 중요합니다. 적다가 안 적다가 하면 어느 날부터는 적기가 싫어지고, 그러다 보면 게을러지기 때문이지요."

지금은 이렇게 이야기하는 손 사장도 처음부터 고객 수첩을 적은 것은 아니라고 했다.

"거래처가 늘어나고 바빠지면 챙길 일도 많아지기 마련인데 머리로만 기억하려 하다 보니 피곤해지는 것은 물론 실수하는 경우도 한두 건씩 생기더군요. 한번은 중요 고객과의 납품 마감일을 깜빡 잊어버렸는데, 그게 큰일이 되어버렸습니다. 단골 고객이었지만 제가 그 날짜를 잊어버리는 바람에 중요한 전시회에 차질이 생겼고, 그로 인해 그 고객을 잃고 말았지요."

그 사건 이후 손 사장은 고객의 납품 마감일 같은 중요한 정보부터 액자 제작에 관한 고객의 세세한 요구에 이르기까지 모든 것을 고객일지에 자세히 적는 습관을 들이게 되었다고 한다. 그의 이야기를 듣던 나는 그에게 "실제로 고객일지를 적으면 어떤 점이 도움이 되는가"를 물었다. 일반 화방의 두세 배에 이르는 억대 매출을 올리는 비결이 어쩌면 수첩을 적는 습관과 무관치 않을 것이라는 생각이 들었기 때문이다.

"고객일지를 적고 나면 일단 머리가 맑아져요. 중요한 약속을 머릿속으로만 기억했다가 실수할 일이 없어지니까요. 그날그날 고객과의 약속이나 납품기일, 고객별 주문사항을 자세히 적어둘수록 머릿속은 비워지고 정리되는 거죠. 조그만 골목 안 화방을 운영하며 대기업 샐러리맨 연봉의 두세 배에 달하는 매출을 올릴 수 있는 것도 그 덕분이 아닐까 합니다. 고객일지를 작성하며 일하다 보니 저에 대한 고객의 신뢰가 높아졌고, 그것이 매출 향상으로 이어진 것 같거든요."

손 사장은 이렇게 고객일지를 적는 습관을 들인 덕에 고객이 수백 명으로 늘어난 지금도 고객과의 약속을 단 한 번도 어겨본 적이 없다고 하면서 이런 말을 덧붙였다.

"고객일지를 쓰면서 제 두 아이의 대학교 학자금을 냈고, 집도 장만했고, 종잣돈도 제법 모았어요. 사실 고객 한 명 없이 무작정 화방을 열고나서 몇 달간은 어떻게 살아가야 할지 막막했는데 가슴이 답답할 때 긍정적인 말을 적거나 3년후 제 모습을 그려보면서 고달픈 현실을 견뎌나갈 수 있었던 것 같아요."

실제 손 사장의 수첩 곳곳에는 '아파트 중도금 납입 종잣돈 마련' '둘째 학자금 납부' 등 중요 목표를 적어놓은 흔적이 있었다.

"수첩에 메모를 하는 것은 제 성장의 역사라고 생각해요. 뭐 그리 엄청나게 성공한 것은 아니지만 그냥 하루하루 최선을 다해 일한 뒤 얻게 되는 뿌듯함 같은 것을 일지에 한두 줄씩 적고 조금씩 매출이 늘어나는 것을 느끼다 보면 부정적인 마인드보다 긍정적인 마인드가 생깁니다. 어려운 시기에도 '나는 할 수 있다'는 새로운 용기가 샘솟더라고요."

스마트폰의 메모 기능도 있는데 손 사장은 왜 수첩을 고집할까? 손글씨를 고집하는 이유가 궁금해졌다.

"사실 일하다 보면 수첩에 볼펜으로 적는 게 더 편해요. 날짜 순서대로 적혀 있으니 찾기도 쉽고요. 직접 손으로 적는 편이 아무래도 기억하기 더 쉬운 것 같아요."

하지만 그도 1년 전부터는 스마트폰을 활용해서 메일을 쓰거나 일정관리에 도움을 받고 있다고 했다.

"거래처에 메일을 보내거나 중요한 납품기일 등과 관련해서는 일정관리 앱도 사용합니다. 수첩에 적고 일정관리 앱까지 사용하면 이중으로 관리가 되는 셈이죠."

5.
포스트잇, 명함, 영수증 어디에든 적어라

박인걸 사장이라는 분이 있다. 장돌뱅이 신분이었다가 유명 여성의류 수입업체 대표가 된 이분은 인맥관리의 달인이기도 했다. 그 비결이 은근히 궁금했는데, 하루는 자산관리를 위해 박 사장의 사무실을 방문했다가 우연히 그 답을 얻게 되었다.

책상 위를 가득 채운 노란색 포스트잇. 깔끔한 글씨로 시간대별 약속과 일정이 순서대로 적혀 있었는데 놀라는 내 모습이 재미있다는 듯 박 사장이 껄껄 웃었다.

"사업을 하다 보면 약속도 많고 주요 거래처의 경조사도 꼭 챙겨야 해요. 특히 기쁜 일보다 안 좋은 일에는 아무리 바빠도 꼭 가려고 합니다."

30년간 사업을 하며 지켜온 박 사장만의 인맥관리 원칙이었다. 듣고 보니 고개가 끄덕여졌다. 사람은 기쁜 일보다 슬픈 일에 더 큰 위안이 필요하고, 어려울 때 슬픔을 함께 나눈 사람을 더 오래 기억하니 말이다.

박 사장은 자신이 처리해야 할 일들을 적은 포스트잇을 책상 가득 붙여놓고 하나하나 완료될 때마다 그것을 떼어내 다시 자신의 수첩에 정리해서 적는다고 했다. 디지털이 일반화된 요즘이지만 박 사장의 방법에는 장점이 많다. 눈에 잘 띄는 곳에 포스트잇을 붙여 사용하고, 중요도 순서로 정리하며, 일의 성격에 따라 색깔별로 따로 작성해둠으로써 정말 중요한 일에 집중하게 되니 말이다. 포스트잇에 적힌 매일매일의 일을 그날 끝내도록 노력하기 때문에 생산성도 높아진다고 한다.

이미 완료된 포스트잇 내용도 다시 한 번 자신의 수첩에 옮겨 적으며 놓친 것이 없는지 점검할 수 있도록 정리한다. 박 사장은 자신만의 업무처리 노하우, 일정관리 노하우, 경조사 챙기는 노하우를 정립하여 효과적으로 시간을 활용하며 성과를 창출하고 있었다.

"사실 뭔가 메모하고 정리한다는 게 처음에는 어려워요. 하지만 요게 익숙해지면 큰 도움이 됩니다. 처음에는 거래처와 약속도 많지 않아서 그냥 머리만 믿고 처리했지만 사업이 커지면서 어느 순간부터는 약속 일정을 잊거나 잊어버려 실수하는 경우가 종종 일어나더군요."

박 사장은 그때부터 포스트잇과 수첩을 활용해서 자신만의 성공수첩을 적는 요령을 습관화하게 되었다고 고백한다.

사업 외의 자투리 시간에 그는 주식투자 등 금융자산을 관리하는 데도 많은 시간을 할애하는데, 이때도 메모가 큰 도움이 된다고 한다.

"보유 주식이 많다 보면 헷살릴 때가 많아요. 하지만 대형주나 중소형 가치주 등 상위 5개 종목에 대해선 아무리 바빠도 매일의 시세와 트렌드를 챙겨 봅니다."

이때 박 사장은 최초 매수가와 보유량 정도는 꼭 적어 놓고 매도시점에 기준가격으로 활용한다고 한다. 장기보유할 목적이기 때문에 주식은 금융자산 중 일부를 조금씩 분할해서 매수하지만, 처음 매수 가격과 수량을 수첩에 정확히 적어놓으면 수익률도 관리할 수 있고 매도 시점의 판단 기준도 되기 때문에 여러 모로 도움이 된다는 것이다.

일반인들 중 박 사장과 같은 자산관리 습관을 가진 이는 솔직히 찾아보기 어렵다. 바쁘기로 치면 기업을 경영하는 사장이 더 바쁘고 일반인은 상대적으로 시간이 많은 편이지만, 현재 보유 중인 투자자산을 점검하는 데 주기적으로 시간을 할애하는 이는 많지 않다. 이렇다 보니 투자자산에 투자한 후에는 그냥 방치하거나 때로는 투자에 실패하는 경우도 심심치 않게 볼 수 있는데, 박 사장의 이야기를 듣고 나니 1% 명사들은 자신만의 방식으로 자신의 수첩을 써가는 사람들임을 새삼 분명히 깨닫게 되었다.

사람과 할 일을 한꺼번에 관리하는 명함 메모

대학교 앞 100억 원대의 6층 건물을 소유하고 있는 정 사장은 매월 들어오는 월세 수입만 3,000만 원이 넘는 슈퍼리치다.

정 사장은 고정 거래처에 송금할 때마다 항상 내 명함을 꺼낸다. PB로 부임하면서 처음 드린 내 명함 뒷면에 매월 송금하는 거래처의 계좌번호를 적어놓았기 때문이다. 처음에는 내 명함 뒷면에 뭔가를 적어놓았다는 사실에 기분이 좋지 않았다. 하지만 얼마 지나지 않아 슈퍼리치 고객은 거래처로부터 받은 명함에 상대방의 특징이나 중요 약속, 관련된 사항 등을 기록한다는 사실을 알게 되었다. 거래처와 금융거래를 하며 필요한 상황이 생기면 바로 전화할 수 있도록 일부러 내 명함 뒷면에 무언가를 적었다는 사실에 오히려 고마워해야 할 상황이었다.

정 사장뿐만 아니라 부자 고객 중에는 거래처로부터 받은 명함 앞면 또는 뒷면의 빈 공간을 활용해 날짜를 적고 그 사람과 관련된 중요 정보나 약속을 메모하는 습관을 가진 이들이 많다. 어디든 조그만 메모 공간이 있다면 무엇이든 기록하고 활용하는 것이 부자들의 효과적인 성공습관 중 하나다.

모든 슈퍼리치들이 공통적으로 가지고 있는 습관 중 또 다른 히니는 비용이 고정적으로 시출되는 관리통장을 철저히 별도로 마련하여 사용한다는 것인데 이는 정 사장도 마찬가지였다. 매월 빠져나갈 관리비만 통장으로 옮겨놓고 나머지 돈은 MMF통장으로 이체한 뒤, 목돈이 쌓이면 정기예금이나 3개월 채권에 투자하는 것이다.

대개의 부자들은 매월 이루어지는 지출 상황을 꼼꼼히 따지고, 고정비용이 빠져나가는 통장에는 딱 그만큼의 돈만 이체할 뿐 아니라 출금 마감일 1~3일 사이에 내점한다. 저렇게까지 해야 하나 싶을 때도 많지만 그들은 지출해야 하는 돈이나 세금은 꼭 마감일이 되었을 때 납부하지 미리 납부하는 경우는 거의 없다. 지출은 최대한 천천히 이루어지게 하고 자신이 받을 돈은 최대한 빨리 받기 위해 노력하는 것, 이는 부자의 관점에서 보면 당연한 습관이다.

번뜩이는 아이디어는 영수증에

또 다른 박 사장은 중국에서 의류 수입을 해서 30대에 100억 슈퍼리치가 된 젊은 부자다. 오랜만에 귀국한 박 사장과 카페에서 차를 마시던 중 그가 거래처로부터 전화를 받았다. 박 사장은 커피 주문 뒤 받은 영수증 뒷면에 중요 사항을 메모하며 통화를 이어갔다. "작은 포켓용 수첩이 있지만 갑자기 카페에서 전화를 받거나 이동 중일 때는 영수증에도 메모를 자주 합니다." 통화를 끝낸 박 사장이 활짝 웃으며 커피를 한 모금 마셨다.

박 사장은 시간이 날 때마다 그간 영수증에 메모한 것들 중 중요한 기록이나 약속은 다시 자신의 수첩에 정리해서 적어놓는다고 했다.

"사실 사업 아이템이 어디서 뚝 떨어지는 일은 거의 없어요. 제 경우에는 거래처를 기다리거나 순간적으로 돈 되는 아이디어가 떠올랐을 때 영수증 뒷면을 메모지로 많이 활용합니다."

박 사장은 자신이 30대에 100억 부자가 될 수 있었던 비결을 '사업 아이템이 떠올랐을 때 빠짐없이 영수증에 적고 발전시켜나갔기 때문'이라고 했다.

"어떤 아이디어나 사업 아이템이 처음부터 돈이 되진 않더라고요. 하지만 생각난 아이디어를 영수증에 적고, 그걸 다시 수첩에 옮겨 적고 하다 보면 신기하게도 더 좋은 아이디어로 발전하는 경우가 종종 있어요."

박 사장은 방금 뒷면에 무언가를 적은 영수증을 와이셔츠 주머니에 집어넣으며 자리에서 일어났다. 박 사장뿐만 아니라 내가 만난 슈퍼리치들은 하나같이 돈 되는 아이디어를 수집하는 안테나를 높게 세우고 좋은 아이템을 발굴하려 노력한다.

순간적으로 떠오르는 아이디어나 거래처를 만나면서 얻게 된 정보 등을 돈 되는 유익한 아이템으로 바꾸는 힘은 영수증 뒷면에라도 적는 습관에 있음을 직접 보고 나니, 중요한 것은 '어디에 적을 것이냐'가 아니라 '어디에든 적어야 한다'는 것임을 새삼 확인하게 되었다.

6.
직장인의 메모

근 1년 만에 정 본부장과 점심식사를 함께하게 됐다. 그가 은행에서 퇴사한 지도 어느덧 4년이 지난 요즘, 그의 근황이 궁금하던 차에 마련된 자리라 더욱 반가웠다.

"퇴직하면 시간이 금방 가. 벌써 퇴직한 지 4년이나 됐네. 하하."

정 본부장은 은행에 있을 때 대출 유치 실적에서 전국 1~2위를 다툴 정도로 능력이 출중한 인물이었다. 최고의 마케팅 전문가가 되고 싶다는 꿈을 항상 가지고 있는 나로서는 지점장 시절 기업체 사장의 신임을 얻으며 큰 자금을 유치했던 그의 비결이 궁금했다.

"현직에 계실 때 어떻게 탁월한 실적을 올릴 수 있었는지

살짝 알려주세요."

"한마디로 마케팅 일지, 즉 메모의 힘이었어."

그는 잠시 생각에 잠기듯 숭늉을 한 모금 마시고 말을 이었다.

"사장님들과 대화를 나누다 보면 창립 기념일이나 사장님 생일, 사모님 생일 등을 알 수 있는데 이때 재빠르게 수첩에 메모를 하는 거야. 그리고 그날이 되면 꽃바구니나 간단한 선물을 편지와 함께 보내는 거지. 특히 사모님 생일을 챙기는 것이 가상 효과가 크더라고."

역시나 그의 비결 또한 정보를 꼼꼼히 적어 정리해두는 것이었다.

"대화에서도 고객을 리드해나가는 것이 중요해. 물론 제일 중요한 것은 실력이지. 고객에게 한 번만 도와달라고 사정하는 건 제일 하수가 하는 일이고. 내 경우에는 대화 중 고객이 관심 있어 하는 사항을 잘 기억해놓고, 다음 미팅 때면 그 이슈를 한 번 더 언급하고 보다 상세한 정보를 전달하곤 했어. 단순히 인사만 드리는 차원이 아니라 지적인 욕구도 충족시켜드리는 건데, 그러려면 평상시에 책을 많이 읽고 공부도 게을리해서는 안 되지."

수첩과 메모를 활용하여 고객의 생일부터 관심사까지 세

밀히 챙기며 신뢰를 쌓고 실력으로 인정받으니 1석 2조인 셈이었다.

"아마 지금까지 적어온 고객상담일지가 20권이 좀 넘을 걸세. 매년 1권씩 적었으니 말이야. 정말 신기한 것은 시간이 제법 지났는데도 예전의 상담일지를 보면 당시의 상황이 생생하게 떠오른다는 거네."

정 본부장은 부동산을 포함하여 30억 원 이상의 자산을 일구었다. 맞벌이 부부였던 것도 아니고, 본부장을 지냈다고는 하지만 외벌이로 그 정도의 자산을 모으기란 쉽지 않은 일이다.

"수첩을 활용해서 자산을 철저히 배분하고 유지한 것이 비결이라면 비결이겠지. 나는 내 전체 자산을 100이라고 가정하고 부동산과 채권, ELS주가연계증권 등 투자 상품을 적절하게 나누어 관리했다네."

정 본부장은 퇴직하자마자 아내에게 전 재산을 공개하고 15억 원씩 자산을 공정하게 나누었다는데 그 이유가 참 재밌다.

"부부 각자가 은퇴 후 자산을 공정하게 배분하여 자기 책임하에 관리하면 부부 중 어느 한쪽이 자산관리 책임을 전적으로 부담하지 않고 서로 돕게 되더군. 단점보다는 장점이 많다네." 일례로 정 본부장의 사모님은 퇴직 후 4년 동안 단 한 번도 생활자금을 요청한 적이 없고, 목표 수익률도 5% 대로 관리하면서 매년 달성해오고 있다고 했다.

"사실 머리로 뭔가를 기억한다는 건 불안정하기 짝이 없네. 자산관리든 고객상담일지든 종이에 일단 적은 뒤에는 잊어버려도 되거든. 한마디로 머리가 가벼워지는 거지. 가벼운 머리에는 더 좋은 아이디어를 담고, 좋은 아이디어가 생기면 다시 수첩에 기록하면서 메모의 선순환이 이루어지는 거야."

그의 말에 절로 고개가 끄덕여졌다.

퇴직한 선배들을 많이 만나왔음에도 정 본부장이 가장 기억에 남는 이유는 무엇일까? 단순히 머리로만 아는 겉똑똑이가 아닌, 100% 기록의 힘을 직접 활용하여 경제독립의 꿈도 이루고 멋진 제2의 인생을 보내고 있는 정 본부장의 모습이 10년 뒤 내 모습이 되길 바라는 마음에서일지도 모르겠다.

"나도 현직에 있을 때는 퇴직하면 후배에게 맛있는 점심 정도는 사줄 수 있는 선배가 되길 꿈꿨지. 하지만 내 선배나 동료들을 보면 퇴직 후에도 잘된 경우가 많지 않아. 얼마 안 되는 퇴직금으로는 5년을 넘기기도 어렵지. 밥 한 번 사줄 수 있는 형편이 안 될 정도로 경제력이 급속히 고갈되는 경우도 많이 봤어. 지금부터 준비해나가면 그런 일은 없을 거야."

마치 내 마음을 들켜버린 것 같아 얼굴이 화끈거렸다. 아마 많은 샐러리맨들도 퇴직 후 그런 모습이 되길 꿈꾸고 있을 것이다. 일선에서 물러난 뒤 후배들에게 멋져 보이는 선배로 남기 위해서라도 더 열심히 메모하고 은퇴 후를 준비하는 습관을 갖자고 다짐했다.

김 팀장의 PC 메모

김진규 씨는 시중 은행의 팀장이다. 그가 담당하는 팀은 기획부. 영업 추진 등 회사의 전반적인 전략을 기획해야 하는 부서다 보니 참신한 아이디어를 내야 할 때가 많다. 은행 생활 25년째인 김 팀장은 자신의 팀에 있는 일곱 명의 동료들 중 자기가 가장 좋은 아이디어를 많이 낸다고 자부한다.

모처럼 그와 소주에 삼겹살을 안주 삼아 만났다. 50의 나이에 본부부서 생활만 15년째 해오고 있는 그는 술을 많이 마시지는 않았지만 삼겹살이 맛있게 익고 소주가 두세 잔 곁들여지자 자신의 10년 숨은 노하우를 술술 알려주었다.

"저는 아침 일찍 출근해서 약 1시간 동안 전날 부장이 읽은 신문 7~8종을 살펴보고 중요한 정보들을 스크랩합니다. 하루이틀 지난 신문이라도 정보가 없어지는 것은 아니니까요."

김 팀장은 개인적으로 구독하는 신문 외의 다른 주요 신문들을 하루 늦게 스크랩하는 습관을 10년째 이어오고 있었다.

얇은 천으로 된 가벼운 그의 가방 속에는 노트북 한 대, 신문 스크랩 파일 하나, 요즘 읽고 있는 책 한 권이 들어 있었나. 그날도 어전히 전닐 신문을 스크랩한 그는 자신이 파일에 넣어둔 열 개 내외의 신문 기사를 보여주었다. 현재 자신이 하는 기획업무에서 부하직원보다 더 탁월한 아이디어를 내는 비결은 신문을 스크랩하고 노트북에 날짜별로 메모하는 습관에 있었다.

김 팀장은 출퇴근에 읽는 책도 보여주었는데, 나는 그 책을 보고 깜짝 놀랐다. 비교적 얇은 책인데도 작은 포스트잇이 족히 20~30개는 붙어 있었기 때문이다. 그는 지하철에서 책을 읽다가 중요하다고 생각되는 부분은 포스트잇으로 표시해두고, 퇴근하면 어김없이 그 부분을 자신의 PC에 스크랩해둔다고 했다. 이런 습관을 10년 넘게 유지해왔으니 차곡차곡 지식이 쌓이는 것은 당연한 일이었다.

"승진에 큰 욕심은 없어요. 하지만 부장이나 다른 동료들과 비교했을 때 실력에서는 절대 뒤지고 싶지 않습니다. 그래서 매일 책을 읽고 신문 스크랩을 하고 PC에도 정리하는 거고요."

삼겹살을 맛있게 먹으며 그가 빙긋 웃는다.

글쓰기가 생업인 사람들이라도 매일같이 책을 읽고 중요 부분을 정리하기가 결코 쉽지 않은데 대단하단 생각이 들었다. 단순히 책을 읽는 것과 책을 읽고 중요한 부분을 직접 PC에 저장하는 것은 다르다. 적극적인 독서 방법인 후자를 통해서는 책의 내용을 더 많이 흡수할 수 있기 때문이다. 그것에 그치지 않고 김 팀장은 책을 읽고 나서는 그 책에서 가장 중요하다고 생각하는 한두 부분을 따로 수첩에 정리해둔 다고도 했다. 이미 PC에 입력해두었을 텐데 왜 굳이 수첩에 다시 정리하는 건지 이유를 물었더니 "적을 수만 있으면 손글씨로 적는 것이 가장 좋아요. 저도 가급적 직접 손으로 써두려고는 하지만 쉽지 않더라고요"라는 답이 돌아왔다.

"일상의 기록이든 신문 스크랩이든 저는 가급적 사소한 것도 기록하고 적으려고 노력해요. 누가 크게 알아주는 것은 아니지만 이런 것들이 쌓이면 퇴직 후의 삶이 더 풍성해지리라 생각합니다."

10여 년에 걸친 김 팀장의 노력은 탁월한 업무 성과로 돌아왔다. 그는 회사에서 두터운 신임을 얻음은 물론 참신한 아이디어와 기획으로 업무 추진력 면에서도 좋은 평가를 받고 있다.

김 팀장은 재테크에도 메모를 많이 활용한다. 그는 현재 한 대학교 앞에 적지 않은 월세가 나오는 원룸을 소유하고 있고, 지방에는 멋진 카페도 장만했다. 하지만 그렇게 되기까지의 과정은 결코 녹록치 않았다. 가난한 부모님께 받은 재산이라고는 전혀 없는 상태에서 처음 월세방으로 시작했던 그는 적극적으로 발품을 팔며 지금까지 무려 10여 차례의 이사를 했고, 그때마다 매번 500~2,000만 원 내외의 시세차익을 쌓으며 조금씩 자산을 불려왔다. 그는 5~10년 뒤의 계획 수립은 물론 그것의 실현을 위해 추진 중인 몇몇 재무 관련 사항들을 적은 수첩을 자랑스럽게 내밀며 말했다.

"사실 사람 기억력에는 한계가 있거든요. 특히 부동산 거래대금이나 세금 등은 납부 마감일에서 며칠만 넘겨도 가산금이 붙고 실수하면 자칫 재산상 손실이 발생하잖아요. 그런 면에서 저 나름대로 수첩에 꼼꼼하게 기록하고 체크하는 습관은 많이 도움이 됩니다. 희미한 기억에 의존하는 것보다는 손바닥만 한 수첩에라도 일단 적어놓으면 잊어버릴 일이 없을 뿐 아니라 마음도 편해지죠."

소주가 반병 넘게 남았는데도 김 팀장은 시계를 보더니 이제 가보겠다고 한다. 금요일 밤이라 또 다른 약속이 있는 줄 알았는데 그의 말이 의외였다.

김 팀장은 지금도 매월에 한두주는 금요일 토요일 카페에서 밤을 새운다. "한 달에 한두 번의 금요일과 토요일에는 카페에서 밤을 새워요. 각종 자격증을 공부하기도 하고, 평소에 바빠서 못 읽었던 책들도 마음껏 읽는 시간이죠. 밤을 꼬박 새워 내 인생을 계획하거나 밀렸던 책을 한 권 읽어낸 뒤 다음 날 아침을 맞는 기쁨은 이루 말로 표현하기 어렵습니다."

사람은 환경의 영향을 많이 받는 동물이라, 금요일 퇴근 시간이 되면 주말에 좋은 장소로 놀러가는 것을 먼저 생각하는 이가 대부분이다. 하지만 이틀의 주말 중 하루 정도를 자신에게 투자하며 꼼꼼하게 메모하고 기록하는 김 팀장의 자신감은 충분한 이유가 있어 보였다.

7.
작은 욕심에서 시작한 그랜드슬램

부끄럽지만 이건 내 이야기다. 1991년 3월, 3년에 걸친 군 생활을 끝내고 제대한 나는 대구 상인동 지점의 은행으로 복직해 본격적인 은행원 생활을 시작했다. 지점장님이 운전기사와 함께 보내주신 스텔라 자동차를 타고 논밭길을 달려 지점에 처음 도착했던 순간이 지금도 기억난다. 하지만 막상 은행에 복직했음에도 무엇을 해야 할지 뚜렷한 방향을 세우지는 못했다. 나는 창구에서 시장상인 고객분들에게 동전을 바꿔드리는 출납 업무부터 시작했다.

하루는 퇴근 후 선배와 함께 이런저런 이야기를 나누며 생전 처음 술을 마셨는데, 그때 선배의 지갑 속 플라스틱 카드가 눈에 들어왔다. 바로 신용카드였다. 신용카드만 있으면 당장 돈이 없어도 일정한 한도 내에서 외상술을 먹을 수 있었고 할부도 가능했다. 신용카드가 없었던 나는 선배가 부럽기만 했다.

시골에서 농사짓는 가난한 집안 형편에 모든 주거비와 생활비를 초급 은행원의 빠듯한 월급으로 충당해야 했으니 나는 당시 월급을 받을 때마다 매번 마이너스 상태였다. 지갑에 돈이 없는 상태에서도 외상술을 먹을 수 있고 손쉽게 현금서비스를 받을 수 있다는 점이 신용카드의 최대 매력으로 느껴졌다.

그리고 다음 날 출근해보니 '카드를 많이 판매하면 은행장 표창을 주겠다'는 내용의 공문이 내려왔다. 게다가 부상으로는 시계를 준다고 하니 눈이 번쩍 뜨였다. 지금도 전기가 들어오지 않는 강원도 인제의 객골에서 태어난 나는 당시 양복과 넥타이조차 달랑 하나씩이었으니 시계를 산다는 건 꿈도 꿀 수 없었다. 은행장 표창을 받으면 부상으로 받을 수 있는 황금색 시계가 너무 멋져 보였다.

'어떻게 하면 은행장 표창을 받을 수 있을까?'

내 머릿속은 온통 표창과 부상에 관한 생각뿐이었다. 그렇지 않아도 아침 일찍 일어났던 나는 그때부터 평소보다 1시간 정도 일찍 출근해서 지점 주변의 상가를 돌며 신규 카드 고객을 유치하기 위해 애썼다. 이웃집 형, 누나 같은 시장 상인을 만나는 일 자체도 즐거웠지만 하루 두세 좌의 신규 카드 실적을 올리는 데도 재미가 붙었고, 덕분에 얼마 지나지 않아 나는 그 지점에서 가장 많은 카드 고객을 유치한 사람이 되었다.

하루는 호출을 받아 지점장실로 들어갔다. 지금도 또렷이 기억나는 황규정 지점장님이 부르신 것이었다.

"신 주임, 카드 많이 했네. 앞으로도 열심히 해봐."

지점장님은 내 등을 누드려주시며 금일봉을 담은 봉투를 건네셨다. 지점장실을 나서는 내 가슴은 '아, 나를 알아보고 인정해주시는 분이 계시구나' 하는 생각에 마냥 콩닥거렸다. 군 제대 후 지낸 낯선 대구에서 외로웠던 내게는 누군가로부터 인정받는다는 사실이 무척이나 고맙고 감사했다.

돌이켜 보면 그때는 그로부터 10년 뒤 신용카드 신규계좌 개설 2만 5,000개라는 대기록이 시작되는 시기였다. 지점장님으로부터 격려를 받은 지 6개월이 채 지나지도 않아 나는 전국 카드 신규 우수 실적자가 되었고, 첫 은행장 표창을 받음과 동시에 부상으로 받은 손목시계를 당당히 찰 수 있었다.

첫 해외여행에 도전하다

카드 신규를 시작한 지 3년쯤 되자 내게는 새로운 목표가 생겼다. 카드 실적 분야에서 전국 10등 안에 드는 직원에게는 동남아 여행권을 선물로 준다는 소식을 듣고서부터였다. 20대 중반까지 해외여행 한 번 가보지 못한 촌놈의 꿈은 그로써 한 차원 업그레이드되었다.

하지만 전국에서 10등 안에 들기란 쉬운 일이 아니었다. 어떻게 하면 좋을지 속으로 고민을 하던 나는 문득 매일매일의 실적을 체크해보자는 데 생각이 다다랐다. A4 용지를 반으로 한 번, 또 반으로 한 번 접어 날짜를 적고 매일 새로 개설한 카드 신규 좌수를 적어나갔다. 그와 동시에 선의의 경쟁을 하고 있는 전국 고수들의 실적도 체크하며 더욱 분발하려 노력했다. 하루에 단 한 좌라도 신규 고객을 유치하지 못한 날은 점심을 굶거나 마감 후 손님을 한 분이라도 더 받으려 했고, 객장에 고객이 없는 날이면 주변 상가로 섭외를 나갔던 기억이 난다.

신기한 것은 이렇게 매일 A4용지에 기록하면서부터 흔들림 없이 꾸준한 실적이 나왔다는 것이다. 종이에 실적을 기록하며 목표를 세우니 하루 5좌 내외의 카드 신규 실적은 이내 10좌를 훌쩍 넘기 시작했다. 그해 1년간 나는 카드 신규

2,500좌의 실적을 거두며 전국 3위권으로 도약했고, 1년 뒤에는 전국 1위 자리에 올랐다. 그때 적었던 A4 용지는 지금도 소중히 보관하고 있고, 금융권 강의를 가서는 마케팅 비법으로 소개하곤 한다.

목표를 종이에 적는 힘의 위력을 생생하게 체험하고 나니 이는 곧 내 습관으로 자리 잡았고, 어떤 일이 있어도 하루에 1좌 이상의 신규 카드 고객을 유치한다는 것은 10년 이상 지켜온 마케팅 목표가 되었다. 주말이라 그 목표를 달성할 수 없을 때에는 손발이 떨리는 금단 현상이 올 성노로 나는 마케팅에 몰입되어 있었다.

그렇게 10년이라는 세월이 흘렀고, 종이에 목표를 세우고 실적을 기록했던 사소한 습관은 그동안 해외여행 30회라는 포상으로 돌아왔다. 금액으로 따져도 수억원에 이르겠지만, 그보다 더 중요한 것은 비행기 한 번 타보지 못한 강원도 촌놈이 해외여행을 통해 시야를 넓힐 수 있었다는 것이다.

그렇게 10년 동안 카드 마케팅의 대가가 되면서 나는 두 가지 소중한 교훈을 얻었다. 첫째는 어떤 내용이라도 적으면 이루어지는 것이 기록의 힘이라는 사실이고, 둘째는 최고의 마케팅 전문가는 하루 1좌 이상 계약하는 사람이라는 깨달음이다. 어떤 마케터도 1년 365일 1좌 이상 꾸준하게 실적을 달성하긴 어렵다. 하지만 최대한 그렇게 되려고 노력하면 누구라도 최고의 마케팅 전문가의 꿈에 가까이 다가갈 수 있고, 그 시작은 기록의 힘임을 믿어 의심치 않는다.

상담일지의 힘

카드 마케팅 10년이 지나자 조금은 재미가 없어졌다. 이미 해외여행도 수없이 다녀왔고 카드 분야에서 1등을 계속한 터라 더 이상 미련도 없었던 2012년, 때마침 방카슈랑스가 도입되었다. 은행에서도 저축보험 등 기본적인 보험을 판매할 수 있도록 시장이 열린 것이다. 새롭게 도전하고 싶은 목표가 생기자 매너리즘에 빠진 내게도 다시금 활력이 찾아왔다.

당시 아무것도 몰랐던 나는 스스로 지원하여 방카슈랑스 판매 담당자가 되었다. 하지만 얼마 지나지 않아 당시 지점장님이 흔쾌히 방카슈랑스 마케팅 담당자 지원을 OK 해준 이유를 알 수 있었다.

보험 판매는 카드 1좌를 신규로 유치하는 것과는 전혀 다른 분야였고, 막연히 내가 생각했던 것보다 훨씬 어려웠다. 보험에 들면 적게는 5만 원 내외, 많게는 100만 원대에 이르는 돈을 매월 불입해야 한다는 것부터가 고객 입장에선 쉬운 일이 아니었기 때문이다.

고객 유치를 위한 마땅한 방법이나 방향도 못 잡은 채 몇 달을 헤매던 어느 날, '마케팅일지를 자세히 적어보면 어떨까?' 하는 생각이 들었다. 카드 업무의 경우는 단순히 매일 실적을 기록해도 무난하게 목표를 달성했지만 보험은 얘기가 달라서 '한 번 더 생각해보고 오겠다'거나 몇 달에 걸쳐 종잣돈을 모아야 할 정도로 사정이 어려운 분도 있었다. 때문에 그야말로 천차만별인 고객들의 특성을 파악하고 끈기 있게 밀고 나가는 마케팅이 필요했다. 나는 A4 용지 크기의 수첩을 구입해서 매일 보험을 권유한 고객과의 상담 내용을 적어나갔다. 고객의 자녀가 대학교에 입학했다거나 집안의 경조사 등 아주 사소한 사항까지 자세하게 기록했던 것은 물론이다.

상담일지와 마케팅일지를 겸해서 매일매일 기록을 하다 보니 신기한 일이 일어났다. 제일 큰 장점은 과거에 상담했던 고객이 어느 날 다시 방문해도 이전 미팅의 기억이 마치 스펀지가 물을 빨아들이는 것처럼 100% 되살아난다는 것이었다. 덕분에 나는 그 고객과의 상담일지를 한번 쓱 살펴보는 것만으로도 당시 그와 나누었던 얘기나 상황이 고스란히 기억나 좀 더 진전된 상담을 할 수 있었고, 이것이 결국 계약 성공으로 이루어지는 횟수가 늘어났다. 그저 상담일지 만 적었을 뿐인데 3~5만 원의 운전자 보험을 300건 이상 계약하고 입소문이 나자 언론사에서 취재 요청도 들어왔다.

'방카슈랑스 신화 쓰는 은행원'

자랑스럽기도 하고 한편으로는 더 정진해야겠다는 다짐을 하게 되는 모 언론사의 기사는 엄지를 척 치켜세운 30대 초반의 내 모습을 담고 있다. 상담일지를 통해 방카슈랑스 판매의 방법을 터득한 뒤 점점 더 탄력이 붙은 나는 10년 만에 소위 3대 보험사라 불리는 삼성생명, 교보생명, 한화생명의 베스트 파트너상을 수상했다.

신규 카드 2만 5,000좌의 꿈, 수백억 원의 방카슈랑스 판매라는 꿈을 이룬 원천은 A4용지에 적는 기록의 힘에서 시작되었다. 지금 내 책상에 있는 27개의 포켓용 수첩에는 일상을 기록하고 매일매일을 가장 효과적인 하루로 보내고자 노력한 나의 흔적이 그대로 남아 있다. 마케팅 업무를 보거나 직장생활을 하다 보면 슬럼프가 찾아오기 마련인데 그럴 때마다 나는 때 지난 수첩과 상담일지, 일기를 꺼내든다. 그것들을 읽다 보면 근심 걱정은 눈 녹듯 사라지고 새로운 용기가 샘솟는다.

인맥의 도움을 받다

20년, 강산이 두 번 변할 정도의 시간을 카드와 방카슈랑스 보험 마케팅에 몰입하며 후회 없이 보내고 나니 뭔가 새로운 도전을 해야 할 필요성을 느꼈다. 때마침 고려대에서 증권·금융 고위 MBA 과정의 신규 모집이 있다는 소식을 접했다. 그간 현장에서 마케팅에만 전력을 기울여왔기 때문인지 그 소식을 보니 나도 이론적으로 마케팅을 공부하고 싶다는 욕구가 생겼다. 당시 지점장님이셨던 김동식 지점장님의 소언에 큰 도움을 얻은 나는 전국에서 두 명만을 선발하는 과정에 기적적으로 합격했다. 비로소 서울 생활이 시작된 것이다.

내 생각은 '이제는 VVIP 마케팅에 도전할 때'라는 데 미쳤다. 최고의 마케팅 전문가가 되려면 리테일 마케팅과 VVIP 마케팅이라는 두 가지 과제를 완수해야 하는데, 이미 20년에 걸쳐 리테일 마케팅은 완성해냈으니 이제는 후자에 도전해야겠다고 판단한 것이다. 그 꿈을 위해 나는 당시 시장에서 막 생성되기 시작한 VVIP의 자산관리자, 즉 PB가 되기로 마음먹었다.

1년 과정인 고려대 MBA를 통해 나는 자산관리 기초인 증권, 금융에 대한 이해를 넓히게 되었다. 하지만 PB, 특히 금융의 격전장인 압구정동에서 PB가 된다는 것은 정말 쉽지 않은 치열한 경쟁이 예상되었기에 PB 공모에 지원하고 합격자 발표가 있기까지 엄청나게 가슴을 졸여야 했다. 마음을 진정시키려 하루 휴가를 내서 정선행 무궁화 기차에 몸을 실었는데 워낙 산골이라 핸드폰 신호가 잡혔다 안 잡혔다를 반복했다. 그러던 중 드디어 문자가 왔다. "귀하는 PB 공모에 합격하셨습니다." 정말 세상을 다 얻은 기분이었다. 드디어 대한민국 최고의 부자들을 만날 수 있는 압구정 PB가 된 것이다.

하지만 꿈에 그리던 PB가 되고 1년이 지나자마자 서브프라임에서 시작된 전 세계적 금융위기가 닥쳤다. 장밋빛 기대를 안고 출발한 병아리 PB에게는 정말 크나큰 시련이 아닐 수 없었다. 어떻게 해야 이 어려운 시장환경에서 수익을 내고 고객의 자산을 안전하게 지킬 수 있을지 고민에 고민을 거듭했다. 나는 평소 적던 수첩을 활용해서 자주 PB센터를 찾아오는 운용사 직원과 펀드매니저의 연락처를 기록하고 그들이 추천해주는 상품들도 정리했다.

그리고 '49인 한정 국내 최초 주식형 사모펀드 출시'라는 대박이 찾아왔다. 사모펀드는 금융기관이 공개적으로 투자자를 모집하는 형태가 아니라 소수의 투자자로부터 모은 자금을 원하는 곳에 투자할 수 있도록 하는 상품이다. 혼자서는 사기 어려운 투자대상을 여럿이 모여 목돈으로 사고, 게다가 합법적이면서도 투자절차가 간소해진다는 장점이 있었다. 내가 투자대상으로 삼은 것은 삼성생명이었다. 삼성생명은 당시 비상장 상태였는데 향후 삼성그룹의 지배구조와 관련해서 매우 중요해질 것이라는 의견이 많았다.

국내 최초의 주식형 사모펀드다 보니 실제 사모펀드에 가입할 고객인 슈퍼리치의 반응이 중요했다. 슈퍼리치 고객을 PB센터로 초청해서 상품에 내해 실명하고 의견을 들으면서 사모펀드 가입 의사를 미리 확인했다. 사전에 슈퍼리치의 공감을 얻은 덕분에 실제 사모펀드를 출시했을 때 무난하게 판매 인원수와 금액을 채울 수 있었다.

솔직히 당시에는 이 상품이 그토록 큰 성공을 거둘 것이라 예상하지 못했다. 다만 앞으로 삼성그룹의 지배구조가 개편되고 삼성생명이 상장되면 고객들에게 큰 수익률로 보답할 수 있을 것이라는 믿음에서 고객초청 세미나를 가졌고, 금융자산의 10% 선에서 미래가치를 보며 투자하기를 권했을 뿐이었다. 다행히 삼성생명은 9개월 만에 상장된 뒤 100%의 수익률을 기록했다.

만약 내가 수없이 나를 찾아오는 자산운용사 담당자들을

나만의 수첩에 자세히 기록하지 않고 상품도 제대로 연구하지 않았다면 9개월 만에 100% 수익률 달성이란 행운은 찾아오지 않았을 것이다.

중요한 것은 기록이고 기록을 통한 인맥관리였다. 후일담을 들어보니 당시 나를 찾아왔던 펀드매니저와 운용사 직원들은 다른 증권회사도 수차례 찾아갔지만 모두 거절당한 뒤 우리 PB센터에 제안을 했던 것인데, 때마침 나와 가졌던 미팅이 시발점이 되어 사모펀드를 시작하게 되었다고 한다. 결론적으로 보면 꼼꼼한 기록과 상품 분석, 고객과의 교감이 종합적으로 작용하여 좋은 결실을 맺게 된 것이다.

이후로도 나는 즐거운 성과들을 거두었다. 두 번째로 출시한 사모펀드는 전기차용 2차 전지에 투자하는 것이었는데 이 역시 54%의 수익을 달성하며 조기 청산했다. 월납 1억 원 저축보험 신규라는 대기록도 최초로 세웠고, 2012년 2월에는 서울경제신문사가 주관했던 제1회 대한민국베스트뱅커 PB대상을 수상하는 영예까지 안게 되었다. 자산관리에서 좋은 수익률을 내려면 다른 사람들보다 반 발짝 앞서야 하고, 그렇게 되기 위해서는 평소 부단하게 노력해야 된다는 소중한 교훈을 얻게 되었다.

내가 만난 대한민국 1% 부자들

리테일 마케팅과 VVIP 자산관리 분야에서 우수한 실적을 기록하며 '최고의 마케팅 전문가'라는 꿈을 이루고 나니 허탈함이 밀려왔다. 이제는 내가 정말 부자가 되어보고 싶었다.

솔직히 PB에 지원한 것도 100억 부자가 되고 싶어서였다. 전기도 들어오지 않는 강원도 두메산골에서 평생 허리 한 번 펴지 못하고 자갈밭을 일구어 감자와 배추를 재배하시는 부모님은 내가 세상에서 가장 존경하는 분들이지만, 성실하고 열심히 사는 것과 부자가 되는 것은 다른 문제라는 것을 PB가 되고 부자고객을 만나며 깨우치게 되었다. 부자가 되려면 부자가 된 사람들의 습관과 부자가 되는 방법을 따라야 하기 때문이다. 나는 나처럼 부자가 되고 싶은 사람들이라면 꼭 봐야 할 제대로 된 책을 쓰기로 마음먹고 이 꿈을 다시 나만의 수첩에 적어나갔다.

당시는 '부자'라는 단어가 간간이 '슈퍼리치'라는 표현으로 대체되기 시작하는 시점이었기에 나는 '한국의 슈퍼리치'라는 책 이름으로 나만의 브랜드를 구축하고 싶어졌다. '한국의 슈퍼리치=신동일PB'를 자연스럽게 브랜드화하겠다는 것으로 내 꿈은 보다 구체적인 모습을 띠었다.

마음을 먹었으니 곧바로 실행에 옮겨야 했다. 내가 개인적으로 관심을 가졌던 롤모델 유형은 맨손에서 자수성가한 부자들이었다. 나는 주말마다 쉬지 않고 발품을 팔아 맨손에서 수백억 부자가 된 사람들을 찾아 나섰다. 약속을 잡는 것도 어려웠고 주말이란 한정된 시간에 많은 분들을 만나야 했기에 쉽지 않은 일이었다. 그 과정을 통해 미장원 아줌마, 카센터 정비공 등 10~15년 전 모습은 평범한 우리와 같았지만 지금은 슈퍼리치의 반열에 오른 사람들을 만날 수 있었다.

2년간 발품을 팔고 고생한 끝에 세상에 나온 나의 첫 책 『한국의 슈퍼리치』는 운 좋게 교보문고 경제경영서 1위에 올랐고 쇼케이스에도 한 달간 진열되는 영예를 누리며 경제경영 분야의 베스트셀러가 되었다. 부자가 되고 싶다는 일반인들의 열망을 그때 확실히 느낄 수 있었다. 겉으론 아닌 듯한 사람이라도 누구나 속으로는 부자가 되고 싶어 하고, 경제적 문제에서 자유로워져서 시간적 자유를 누리고 싶어 한다.

맨손에서 시작해 자수성가한 부자들의 습관 중 가장 눈에 띄는 것이 바로 적는 습관이다. 어렵게 종잣돈을 모을 때도 매달 얼마씩 자산이 불어나는지 수첩에 꼼꼼히 적는 사람도 있었고, 부동산으로 부자가 된 사람에게는 경매 물건을 쫓아다니며 얻은 정보들을 자신만의 노트에 빼곡이 적어온 역사가 있었다. 이런 분들은 자기의 손때가 묻은 노트를 자랑스럽게 보여주며 '나의 첫 번째 보물'이라고까지 이야기했다. 보물인 것이 당연했다. 종잣돈을 모으고 부자가 되는 정보를 기록한 수첩이나 노트라면 정말 중요하지 않을 수 없을 테니 말이다.

첫 책이 생각지도 않게 베스트셀러가 되면서 나는 기록의 중요함을 직접 체험하게 되었다. 첫 책을 출간한다는 꿈을 가지고 있었을 당시 『당신도 베스트셀러 작가가 될 수 있다』라는 책을 읽은 적이 있었는데 그 사실조차 까마득히 잊고 있었던 나는 어느 날 우연히 그 책 첫 장에 내가 적어놓았던 메모를 발견하고선 깜짝 놀라고 말았다. 메모에는 '2012년 4월 나의 첫 책 출간'이라는 다짐이 적혀 있었다. 실제로 『한국의 슈퍼리치』는 2012년 4월에 출간되었으니, 내가 다짐하고 적었던 그대로 꿈이 이루어진다는 것을 직접 생생히 경험한 것이다.

PB가 되어 자산관리를 하는 과정에서 1% 명사를 수없이 만나보고 내가 내린 결론은 '적는 사람이 성공한다'는 것이다. 세상의 모든 부자나 성공한 사람들이 모두 적는 습관을 가진 것은 아니겠지만, 적어도 적는 습관을 가진 사람 중 성공하지 않은 사람은 없다.

최고의 마케팅 전문가라는 꿈을 내가 이룰 수 있었던 것 역시 매일의 목표를 적는 습관, 매일의 실적을 고객일지나 마케팅 일지에 적으며 체크하는 습관에서 비롯되었다. 평범한 샐러리맨에 불과했지만 일기를 적으며 자존감을 키웠고, 마케팅 분야에서 최고가 되겠다는 큰 목표를 적은 뒤 20년간 매일 세부적인 계획을 세우고 실천하며 하루하루의 싸움에서 승리해온 결과가 오늘의 나라고 말할 수 있다. 미장원 아줌마나 카센터 정비공 출신의 슈퍼리치 역시 종이만 다를 뿐 무엇인가를 계속 적어온 사람이었다.

지금 이 책을 쓰는 이유는 딱 한 가지다. '적는 것이 득이 될 수는 있어도 절대 실은 되지 않는다'는 것을 당신에게 알려주고 싶어서다. 당신이 할애해야 하는 시간은 하루에 고작 7분 정도에 불과하다. 당신이 어떤 일을 하고 있는가와 상관없이 매일의 업무가 끝난 뒤 실적을 적고 다음 날의 목표를 적는 일은 하루 7분이면 족하다.

내가 만난 슈퍼리치들 역시 그때그때 떠오르는 사업 아이템이나 중요한 정보를 수첩에 적은 이들이지만 그중 메모를 위해 일부러 시간을 낸 사람은 한 명도 없었다. 그냥 적는 것이 습관이 되었기 때문이다. 또 하나의 공통점이라면 그들에게 수백억 자산보다 더 중요한 것은 너덜너덜해진 수첩, 꿈을 이루어가는 과정들이 고스란히 적힌 그 작은 종이 한 장이라는 것이다.

만약 당신이 지금 답답한 현실을 탈피하고 좀 더 도약하고 싶다면 당신과 가까이에 있는 종이나 수첩부터 활용해보자. 거기에 무언가를 적는 순간 현실의 자기 모습을 정확히 인식하고 미래로 도약하는 단단한 발판을 마련하게 될 테니 말이다.

인생의 나침반과 스마트워크

우리를 둘러싼 주변 환경은 숨 가쁘게 돌아가는 탓에, 잠시라도 방심하면 급류에 휩쓸리듯 떠내려간다. 사람은 모든 일을 다 잘할 수 없고 모든 일에 집중할 수도 없기 때문에 선택과 집중이 필요하고, 단 한 번밖에 없는 인생도 효과적으로 살려면 계획이 있어야 한다. 인생의 나침반이 필요한 이유다. 인생계획이라는 말은 거창한 것 같지만 자신의 인생 로드맵을 세우고 인생 나침반을 만드는 것은 그리 어려운 일이 아니다.

폭풍우 몰아치는 깜깜한 바다를 항해할 때 등대의 불빛이 없다면 배는 언제 난파할지 모른다. 내 인생의 나침반은 밤바다의 등대처럼 내 인생을 원하는 목적지로 안내해준다.

나만의 수첩에 인생 로드맵을 적으면 나는 길을 잃지 않고 그것을 나침반 삼아 인생이라는 바다를 나아갈 수 있다.

인생 로드맵을 작성할 때 중요한 것은 10년 단위의 큰 목표를 세우고, 5년 단위로 점검하는 것이다. 5년의 계획은 1년 단위의 계획으로 상세히 나눠보자. 또한 매 월마다 그달에 이루고자 하는 가장 중요한 목표를 단 한 줄이라도 적어두자.

『1등의 습관 Smarter Faster Better』 저자 찰스 두히그Charles Duhigg는 목표를 세울 때는 "가상 상위의 도전적인 목표를 실행하기 위한 스마트한 목표를 잘게 쪼개서 세우고 하나씩 실천해나가라"고 주장한다. 내 인생을 한 단계 업그레이드하려면 조금 벅차더라도 담대한 목표를 세우는 것이 좋다. 미국의 존 F. 케네디 John F. Kennedy 대통령은 인류를 달에 보내겠다는 계획을 세워 미국의 과학기술을 한 단계 끌어올렸다. 당시 미국은 우주개발에서 소련에 한참 뒤처져 있었지만 케네디의 목표와 실행을 통해 상황을 역전시켰다. 국가에 10년 이상의 장기적인 계획이 필요하듯 개인 역시 10년 단위의 담대한 도전 목표를 세우고, 이의 스마트한 실행을 위해 세부적인 1년 단위 목표를 잘게 나누어 설정한 뒤 이를 하나씩 성취해나가는 것이 좋다.

스마트하게 목표를 달성하는 데 있어 한 가지 좋은 팁이 있다. 바로 스마트워크smart work를 가능하게 하는 도구를 사용하는 것이다. 몇 년 전부터 종이 플래너를 이용하는 사람의 숫자가 줄어들었다. 스마트폰이 급속도로 보급되면서 일정관리 앱을 사용하다 보니 생겨난 현상이다. 바꿔 말하면 스마트폰의 앱을 잘 활용하는 것만으로도 스마트워크가 얼마든지 가능하다는 뜻이라 할 수도 있겠다. 구체적으로 스마트 워크를 가능하게 하는 유용한 앱을 알아보자.

1. 구글 캘린더Google Calendar

전 세계적으로 가장 많이 사용하는 구글의 '구글 캘린더'를 활용하면 일정을 효과적으로 관리할 수 있다. 절대로 잊어서는 안 되는 약속이 있을 때 메일이나 알람으로 약속을 통보해주는 기능을 설정해놓으면 좋다.

약속이 생기면 해당 날짜에 제목과 함께 약속시간, 장소, 준비할 자료 등을 자세하게 적어놓자. 그날 약속이 있나 없나 미리 확인할 수 있어 약속을 중복해서 잡는 경우를 피하게 해준다. 미팅이 끝나면 주요 내용을 다시 메모해놓을 수도 있다.

구글 캘린더 사용이 불편하다면 수첩과 함께 사용해도 좋다. 만나야 할 사람의 이름만 구글 캘린더에 적어놓고, 나머지 내용은 평소에 사용하는 수첩에 적자. 다만 이 경우에는 아침마다 수첩을 점검하는 것을 잊지 말아야 한다.

2. 에버노트Evernote

코끼리 머리를 상징하는 심볼의 에버노트 앱은 모든 것을 기억한다는 목표로 개인의 거의 모든 메모를 편리하게 도와준다. '왜 에버노트를 써야 하는가?'라는 질문에 한마디로 답한다면 바로 상력한 검색 기능 때문이다. 메모나 서류가 쌓였을 때의 가장 큰 문제점은 오래된 자료를 찾을 수 없다는 것인데 에버노트는 노트북과 노트북 속의 노트로 구분하여 편리하게 자료를 저장함은 물론 태그를 활용하면 더 강력한 검색 기능을 수행할 수 있다. 필기, 사진, 동영상, 첨부파일 등 거의 모든 형태의 기록과 자료가 저장 가능하고, 저장한 후에도 앱 내의 돋보기 버튼을 클릭하여 키워드나 태그를 검색하면 손쉽게 자료를 찾을 수 있다. 놀라운 기능 중하나는 사진이나 PDF 파일 자료에 적힌 글씨도 인식한다는 것이다.

3. 리멤버REMEMBER

강력한 명함관리 서비스를 제공하는 앱이다. 이 서비스는 자동으로 명함을 인식해 저장하는 방식이 아니라, 사진을 찍어 올려주면 사람이 눈으로 확인하고 입력해주는 수동 방식이다. 그러다 보니 오히려 정확도가 높다. 영업에 종사하는 사람이라면 마케팅에 많은 도움을 받을 수 있는 좋은 앱이다.

명함을 사람이 직접 저장해주는 이유는 문서인식 기술이 아직 완벽하지 않기 때문이다. 나 역시 과거에 문서인식 방식을 사용하는 명함관리 서비스를 이용해봤는데 어떤 명함은 인식률이 많이 떨어져서 결국 내가 다시 직접 확인하고 입력해야 하는 불편함이 있었다. 그에 반해 리멤버는 이런 불편함이 전혀 없다.

리멤버에 저장된 명함정보는 언제라도 백업이 가능하고 구글 주소록과도 동기화되며 카카오톡이나 문자 등 여러 방식으로 교환할 수 있어서 더욱 편리하다.

4. 네오노트Neo Note와 스마트펜

아날로그의 경험을 디지털로 연결시킨다는 모토로 네오랩 이상규 대표가 만든 스마트펜을 만났을 때의 느낌은 한

마디로 충격 그 자체였다. 나는 손글씨로 20년 이상 수첩을 써왔기 때문에 더욱 그랬는지도 모르겠다.

전용 수첩에 글씨를 쓰거나 그림을 그리면 그 내용이 그대로 온라인에 저장된다. 손글씨의 아날로그 경험을 그대로 디지털로 연결한 것이다. 타자글씨로 변환하는 과정을 거치지 않고 손글씨 자체를 거의 100%에 가깝게 디지털로 변환시키는 기술이 놀랍다.

전용 프로그램인 네오노트 앱을 통해 볼 수도 있지만, 구글 드라이버나 에버노트로도 백업이 된다. 전용 수첩에는 N-Code라고 하는 미세한 점이 찍혀 있고, 전용 스마트펜은 그 코드 정보를 포함해 펜촉의 압력까지 온라인상에 기록해 준다.

온라인에 저장을 하다 보니 용량에 제약이 없고, 녹음 또한 가능하다. 스마트펜으로 메모한 시간과 장소까지 알 수 있고, 검색도 가능하다. 메모를 많이 하는 마케팅, 영업직 종사자나 해외 출장이 많은 CEO 등이 활용하기 좋은 장치다.

5. 구글 포토

구글 포토 역시 스마트 워크를 꿈꾸는 사람에게 매우 유용한 앱이다. 스마트폰이 일상화가 되다보니, 여행을 가거나 이벤트가 있을 때는 물론 문서나 메모를 사진으로 찍어 보관하는 경우가 많고 화면 캡쳐를 하는 경우도 있다. 하지만 이를 일일이 관리하기가 쉽지 않다. 용량 문제로 저장이 어렵거나 검색이 힘들다.

이때 구글 포토 앱을 스마트폰 사진과 연동시키면 파일 사이즈를 최적화하여 온라인에 무제한으로 저장해준다. 같은 장소에서 촬영한 사진끼리 모아주거나 사진의 주인공별로 분리해주는 기능은 기본이다. 저장된 사진이나 자료는 메일, 문자, 카카오톡 등 다양한 수단을 활용해서 전달할 수 있어 편리하다.

6. 샌드애니웨어 Send Anywhere

이름 그대로 어디라도 자료를 보낼 수 있는 편리한 앱이다. 특히 대용량 파일을 보낼 때 좋다. 파일 용량에 대한 제한이 없으며, 압축하는 과정도 필요없다. 보내고자 하는 파일을 선택하고 상대방의 메일 주소만 입력해주면 여섯 자리 인증번호를 알려준다. 받는 사람도 이 번호를 입력하고 파일을 다운받아야 한다. 일종의 보안장치인 셈이다.

투자상품 설명서나 계약서 사인본, 각종 브로셔 등 대용량 파일을 자주 공유해야 하는 영업사원들에게 매우 유용한 앱이다. 스마트폰은 물론 PC에서도 사용이 가능하다.

이상 총 여섯 가지의 유용한 앱을 간단히 살펴보았다.

앞서 강조했듯이 나만의 수첩은 1% 인재가 되기 위해 이미 1%가 된 성공자의 성공 노하우를 체계적으로 정리하여 만든 것으로, 일정관리에만 치중했던 기존의 수첩이나 다이어리와는 다르다. 나만의 수첩은 세상에서 가장 소중한 나의 꿈을 현실로 만들어가는 인생 로드맵 북을 지향하고, 가장 소중한 나의 성공스토리를 담은 단 한 권의 책이 되는 것을 목표로 한다. 이러한 나만의 수첩을 자신에게 맞게 최적으로 활용하려면 이를 보조해주는 유용한 앱들을 함께 사용하는 것이 효율성 면에서 좋다.

이 여섯 가지 앱을 발굴하고 잘 활용하기까지는 나 역시 많은 시간이 필요했고 시행착오를 거쳐야 했다. 비로소 이런 앱들에 익숙해졌을 때 제일 먼저 든 생각은 '내 소중한 지인들에게도 이 앱들을 알려주자'는 것이었다. 1% 성공자들이 가장 소중히 여기는 것이 시간이란 자산인데, 자투리 시간을 절약하고 업무 효과도 극대화할 수 있게 해주는 이런 앱들은 분명 1%의 사람들이든 혹은 1%를 꿈꾸는 사람들이든 모두에게 환영받을 것이라 생각했기 때문이다. 실제로 내가 만난 1% 성공자 중에는 70대 전후의 나이임에도 20대 뺨치는 스마트워커가 많았다. 이런 앱들을 얼마나 잘 활용하는가에 따라 200~300% 정도까지 성과에서 차이가 난다면 대단하다 하지 않을 수 없다.

재미있는 사실은 꿈을 찾아 노력하다 보면 방법을 하나씩 알게 되고 좋은 인연을 만나게 된다는 것이다. 가장 효과적으로 수첩을 사용하는 방법을 오랫동안 고민하다가 여섯 가지 앱을 한 가지씩 활용하며 사용 효과를 극대화시키는 경험을 하다 보니 소중한 주변 사람들에게 하루라도 빨리 사용법을 전파해야겠다는 생각에 마음이 급해졌다.

생각이 없으면 기회가 와도 보이지 않는다. 1%의 성공, 1%의 기술을 갖추는 것은 개인의 부단한 노력이 꿈과 함께 만났을 때다. 성공의 요체는 '생각+행동+시간'을 얼마나 효과적으로 활용하는가에 달려 있지 않은가? 개인의 꿈목표는 '생각'에 해당하고, 행동은 수첩에 꿈목표를 적으며 체계적인 세부 목표를 한 가지씩 실행하는 것이며, 이것을 지속함에 따라 성공에 가까워진다. 이 모든 것은 개인에게 주어진 유한한 시간 속에서 이루어지기 때문에 소중한 시간을 단 1초라도 절약하면서 성과를 극대화할 수 있는 방법을 찾는 사람이라면 마지막에 만나는 것들이 앞서 소개한 여섯

가지 앱과 나만의 수첩활용법이다. 결국 차별화된 나만의
수첩 사용법과 여섯 가지 앱이 당신의 꿈을 가장 빠르게 현
실로 만들어주는 수단이 되는 셈이다.

2부

내 수첩에 꼭 적어야 할 것들

1.
현재의 나

1부에서 우리는 1% 슈퍼리치가 된 사람들의 성공 요인인 '무엇이든 적는 습관'을 실제 사례로 살펴보았다. 나 역시도 많이 적어왔다고 자부하지만, 솔직히 어떻게 적고 정리해야 하는지에 대해서는 시행착오를 거쳤던 것이 사실이다. 여기에서는 내가 나름대로 알아낸, 가장 단순하면서도 효과적인 메모법을 정리해보려 한다. 제일 좋은 것은 이 글을 읽는 당신만의 방법으로 노하우를 완성하는 것이지만 우선은 내가 만난 수많은 성공자의 노하우를 간단하게 정리한 것을 참고하는 것이 도움이 될 듯하다.

제일 먼저 할 일은 손바닥 크기의 포켓용 수첩을 마련하는 것이다. 포스트잇이나 메모지 등 다양한 방식을 활용할 수도 있겠지만 일단은 가급적 줄지가 70%, 무지가 30%인 수첩부터 준비하고 시작해보자.

당신이 고른 그 수첩에는 앞으로 일곱 가지의 성공 콘텐츠가 담길 것이다. 당신은 자신만의 수첩에 정성껏 이름을 적는다. 세상에서 가장 소중한 당신 자신의 성공 이야기를 담은 책 한 권을 이제 막 쓰기 시작한 것이다. 시작이 반이다. 300여 페이지라는 적지 않은 분량의 그 책은 앞으로 가슴 벅차게 펼쳐질 당신의 미래다.

진지하게 자신을 돌이켜보라

시작 단계에서 가장 중요한 것은 자기 자신에 대한 솔직한 진단이다. 이를 위해서는 자신을 진지하게 돌이켜봐야 한다.

마지막으로 자기 자신을 진지하게 돌이켜본 것은 언제인가? 사실 잘 기억나지 않을 것이다. 단 한 번도 자신에 대해 '나는 누구이고, 무엇을 하러 세상에 태어났는가?'를 물어본 적이 없다는 사람도 있다. 종교가 있든 없든 이것은 인간이라면 누구나 던지기 마련인 근원적인 질문임에도 말이다.

자기 자신에 대한 자각을 통해 인간은 성장한다. 바쁜 세상 속에 살고 있는 나란 존재는 누구이고, 지금 어떤 일을 하고 있으며, 무엇을 삶의 목표로 정했고, 어떨 때 행복을 느끼는가? 이런 질문을 던지지 못한다면 그 사람의 삶은 방향을 잃고 표류할 수밖에 없다.

우리의 삶은 매우 짧다. 청소년 시절은 눈 깜짝할 사이에 지나가고 어영부영하다 보면 20~30대 시절도 쏜살같이 흘러가버린다. 결혼해서 아이를 낳고 직장에서 시달리다 문득 살펴보면 40대를 지나 50대를 코앞에 두고 있다. 요즘같이 경기가 좋지 않을 때는 50대 중반까지 식장생활을 한다는 것도 어렵기만 하다. 지금 하는 일에 힘껏 달려들고는 있지만 출근길에서 느껴지는 삶의 공허는 어쩔 수 없다. 과연 나는 무엇 때문에 살고 있는가?

수첩에 '현재의 나'를 기록한다는 것은 자신을 제3자의 시각에서 돌아보는 것이다. 객관적인 입장에서 나를 돌아보며 지금까지 지내온 삶, 꿈, 도전과 좌절, 추억, 기뻤던 일, 슬펐던 일 등 자신에게 일어난 모든 일을 솔직하게 적어보자. 글의 순서와 상관없이 일단 적기 시작하면 실타래가 술술 풀리듯 자신과 삶에 대한 이야기가 안에서 흘러나오며 작은 자서전을 쓰게 된다. 주마등처럼 스치는 자신의 지난날을 이렇게 적고 나면 속이 후련해진다.

'현재의 나'를 생각나는 대로 쓰다 보면 당신이 20대건 60대건 상관없이 가슴이 조금씩 뜨거워짐을 느끼게 된다. 비로소 세상에서 가장 소중한 존재인 자기 자신을 자각하게 되는 것이다. 이것이 '현재의 나'에 대해 적는 가장 큰 이유다.

성공은 자기 자신이 세상에서 가장 소중한 존재라는 자각에서 출발한다. 인류에 위대한 업적을 남긴 위인들은 모두가 한결같이 자신에 대한 자각이 강했다. 그도 그럴 것이, 자신을 소중하게 생각하지 않는 사람은 어떤 성취도 이루기 어렵기 때문이다. 당연하지 않은가? 자기 자신을 들여다보지도 않고 단 한 번도 진지하게 생각해본 적 없는 사람이 어떻게 자기 자신을 자각할 수 있다는 말인가? 이런 이들은 그저 일장춘몽처럼 잠에 취해 인생을 낭비하며 뚜렷한 방향성 없이 삶을 흘려보낸다.

그저 그런 삶이 좋다면 여기서 포기하고 종전처럼 살면 된다. 하지만 장담컨대 그런 삶은 살아도 제대로 사는 게 아니다. 세속적인 잣대가 아니더라도 인간은 누구나 자기주도적인 삶을 살고 싶어 한다. 행복을 추구하는 가장 큰 이유가 무엇인가? 행복감을 느낄 때에야 비로소 삶이 충만한 느낌을 받기 때문이다. 이와 같은 이유로 현재의 나를 객관적으로 적으면서 지금까지 걸어온 길을 객관적으로 돌아볼 때에야 비로소 나의 인생은 올바른 방향으로 출발하게 된다.

다음의 글은 지금까지 내가 걸어온 길을 '현재의 나'의 입장에서 적어본 것이다. 각자 자신의 인생을 돌아보고 '현재의 나'를 정리해보는 데 참고가 되었으면 한다.

현재의 나

신동일

20대의 내겐 당시 부모님이 바라셨던 '사관학교 진학'이란 꿈이 있었지만 현실에서는 좌절되었다. 그다음엔 막연하게 검사가 되고 싶다는 꿈을 가졌고, 직장생활 중에도 법대 진학을 준비하여 그 꿈을 준비했다. 이후에는 법학 전공과 다른 금융인의 길을 걷게 되었다.

그동안 흔들리지 않고 내 삶을 이끌어주었던 것은 초등학교 때부터 적어왔던 일기였다. 1주일에 한두 번 적는 일기는 나 자신을 돌아보고 내가 가는 방향을 지속적으로 되새겨주었다. 20년 전부터 적기 시작한 나만의 '수첩'은 내 삶의 나침반 역할을 해주었다. 어렸을 때부터 스스로 자아의식이 강했다고 생각되지만 그것을 더 강화시켜준 것은 나만의 포켓용 수첩에 매년 나의 꿈과 목표를 적는 습관이었다.

40대 후반, 인생의 전반전이 막 끝나는 지금 '현재의 나'의 시각에서 내 삶을 바라보면 행복한 부자를 목표로 한 걸음씩 걸어나가고 있다. 1% 성공자의 성공 비밀을 발굴하는 것, 주말이면 한 편의 영화를 보는 것, 한 권의 좋은 책을 읽는 것, 아내와 함께 성북천을 산책하는 것은 내게 가장 큰 행복감을 준다. 금융인으로 처음 사회생활을 시작했을 때 나를 가장 흥분시켰던 것은 매일 카드와 보험을 권유하는 일이었다. 그 일을 하며 나는 최고의 마케팅 전문가가 되는 것을 꿈꿨고, 20년간 신용카드와 보험 판매 분야에서 뛰어난 실적을 올리며 인정을 받았다.

어느 정도 리테일 마케팅에서 성과를 내고 나서 내가 선택했던 다음 목표는 나만의 책을 쓰는 것이었다. 『한국의 슈퍼리치』는 그렇게 탄생한 첫 책이고, 감사하게도 베스트셀러까지 되었다. 어느 날인가 오래된 책장을 정리하다 40대 초반이었던 2009년 당시 사용했던 나만의 수첩을 무심코 열어보니 그곳에는 '책을 쓰겠다'는 결심을 적은 메모가 있었다. 꿈을 기록해놓은 그 메모는 지금 돌이켜보면 엄청나게 소중한 내 삶의 한 조각과도 같았다.

나를 돌이켜본다는 것은 거울에 자기 자신을 비춰 보는 것과 같다. 거울을 보듯 현재의 나를 솔직하게 적어가면서 내면의 나와 과거를 돌아보는 일은 앞으로의 삶을 충실하게 채워가는 에너지원이 된다.

1% 성공자들은 현재의 나를 충실하게 점검한다. 현실의 삶에 휘둘려 정작 가장 소중한 자신의 본질을 잊고 하루하루 껍데기 같은 삶을 살아갈 때 '도대체 내가 지금 뭘 하는 거지?'라고 질문하고 자각하며, 현재의 자신을 안아주고 토닥토닥해주나 보면 '내 삶도 그리 나쁘지 않았네. 앞으로는 정말 내가 꿈꾸는 삶을 위해 남은 시간을 알차게 보내야지'라고 결심하게 된다. 사소한 결심이라도 한 가지씩 쌓이다 보면 스스로 위대한 사람이 되기에 이른다. 1% 성공자들 역시 자기 자신을 돌아보고 한 가지씩 실행하며 성공을 쟁취해왔다.

우리는 누구나 언제라도 자신의 인생을 변화시킬 힘을 내면에 가지고 있다. 거친 세상을 헤쳐나가며 수많은 세월의 풍파와 역경을 견디고 나의 길을 걸어갈 때 그 누구도 대체할 수 없는 진정한 내 삶이 되는 것이다. 당신이라고 위대한 삶을 살지 말라는 법은 그 어디에도 없다. 세상에서 당신보다 더 위대한 존재는 없다. 자신을 뜨겁게 사랑하고, 무엇이든 할 수 있다고 믿으며, 매 순간을 충만한 기쁨으로 채워갈 수 있다고 결심하라. 당신이 생각했던 것보다 당신은 훨씬 더 위대한 존재다. 장담할 수 있다.

현재의 나에게는 또 하나의 새로운 목표가 생겼다. 지금의 나를 가슴 뛰게 하는 것은 '경제독립운동가'란 꿈이다. 27년간 걸어온 금융인의 경험과 장점을 살려 나날이 심각해지는 부익부 빈익빈의 간극을 좁히는 일에 조금이라도 기여하는 것이 내 삶의 중요한 목표가 될 것을 생각하니 글을 쓰는 중에도 가슴이 뜨거워진다.

내가 마련한 모임인 '신동일 꿈발전소' 역시 48년간 내 인생이 지향했던 한 가지 목표임을 부인할 수 없다. 본격적으로 꿈발전소를 가동했던 2012년부터 힘든 순간이 많았지만 포기하지 않고 지금까지 성장해온 것은 세상에서 가장 값진 투자는 바로 사람에 대한 투자임을 수없이 느낀 덕분이다. 꿈발전소 소장으로서 나는 멋진 꿈쟁이들을 수없이 만났고 그들의 좌절과 성공을 지켜보며 꽃보다 아름다운 것은 사람임을 절절히 느꼈다.

나만의 수첩 사용설명서를 적는 지금 이 순간의 행복은 이루 말할 수 없다. 꿈을 현실로 만들어주는 것은 바로 나만의 수첩을 통한 내 인생의 설계도를 명확하게 갖고 '생각'과

'행동' 그리고 '시간'을 최적으로 배분, 액션플랜을 가동할 때 이루어진다는 사실을 믿기 때문에 더 이상 흔들림이 없다. 꿈을 현실로 이루어주는 '생각+행동+시간'의 힘을 믿는다면 세상에서 이루지 못할 꿈은 없다. 나 자신도 그렇고 지금 이 글을 읽고 자신만의 수첩을 사용하는 여러분들 역시 마찬가지일 것이다.

더 늦기 전에 현재의 나를 충실하게 적어보자. 점점 가슴이 뜨거워지며 세상에서 가장 소중한 나 자신과 나를 감싸고 있는 우주에 대해 자각하는 순간 비로소 당신은 힘찬 출발을 할 채비를 갖추게 된다. 지금부터 가슴 뛰는 위대한 당신만의 여정을 시작하자. 때가 되었다.

여기서 팁 하나! 처음부터 현재의 나를 잘 적을 수 있는 사람은 없으니 너무 부담 갖지 않아도 된다. 굳이 계속 고민하고 이 글을 잘 쓰기 위해 노력할 필요도 없다. 수첩을 바꿀 때마다 다시 쓰다 보면 어느 틈엔가 정리돼가고 있는 글을 볼 수 있다. 나는 2018년에만 세 권의 수첩을 사용했다. 그때마다 글은 조금씩 나아졌고, 내가 이루고 싶은 꿈은 분명해졌다.

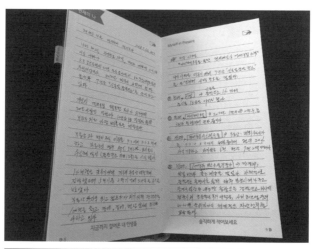

2.
나의 꿈

메모하고 적는 습관의 목적은 무엇인가? 세상에서 가장 소중한 나의 꿈을 가장 효과적으로 최단시간 안에 현실로 만들기 위해서다. 그렇다면 적어라!

도대체 꿈을 잊고 산 지 얼마나 되었는가? 꿈을 가졌던 것은 까마득한 옛날일 아닌가? 초등학교에 다니던 순수의 시절, 누구는 대통령이 되는 꿈을, 누구는 푸른 하늘을 마음껏 날아다니는 비행기 조종사를 꿈꿨다. 하지만 현실의 나는 그 꿈을 잃어버린 지 오래고 하루하루 먹고 살기에 급급할 뿐이다. 나의 귀중한 시간을 희생한 대가로 잠깐 주어지는 이틀의 주말은 그저 한시적 자유일 뿐, 다시 일상으로 돌아오면 갑갑하고 고달픈 현실이 되풀이된다. 한마디로 꿈은 가슴속 깊은 곳에 꼭꼭 숨어버리고 엄동설한 추위처럼 꽁꽁 얼어붙었다.

하지만 중요한 것은 지금이다. 당신의 마음속에 지금 이 순간 떠오르는 꿈들을 적어보자. 어떤 것이라도 상관없다. 남과 비교할 필요는 더더욱 없다. 오직 솔직하게 자기 자신에게 물어보고 내 마음이 향하는 곳을 찾자. 그곳이 당신의 진정한 꿈이 있는 곳이다.

일단 하나라도 적어보자

수많은 꿈이 생각날 수도 있지만 대부분은 단 한 개의 꿈도 적기가 어렵다. 어려운 것이 정상이다. 20년 전 처음 수첩을 적을 때 나도 역시 그랬으니 말이다.

하지만 잘 생각해보면 누구나 세 가지 꿈 정도는 적을 수 있다. '지금 살고 있는 아파트의 담보대출을 3년 안에 다 갚겠다'는 것도 꿈이 될 수 있고, 미래의 부자를 꿈꾸며 '1년 안에 종잣돈 마련'을 목표로 삼을 수 있는가 하면 경제독립 쟁취를 위한 첫걸음으로 '매월 꾸준하게 월세 수익이 발생하는 오피스텔 등 수익형 부동산 장만하기'를 적을 수도 있다. '가족과 함께 2박 3일 국내 여행 가기'나 '시골에 계신 부모님을 위해 월 1회 이상 안부전화 드리기' 등 소박하지만 정말 중요한 꿈을 적어도 좋다. 사람마다 꿈은 모두 다르기에 어떤 꿈이 더 중요하다고 평가할 수는 없으니 마음 편하게 적어보자.

중요한 것은 단 세 가지 꿈이지만 일단 나만의 수첩에 적는 것이다. 적는 순간 가슴속에 맴돌던 꿈은 씨앗으로 파종된다. 수첩에 꿈 세 가지를 적는 순간 당신은 당신의 마음 밭에 세 개의 꿈 씨앗을 뿌린 농부가 되는 것이다. 꿈을 적지 않은 사람은 꿈은 있으되 꿈 씨앗을 파종하지 않았기에 풍성한 수확을 기대하기 어렵다.

세 개가 당장 생각나지 않는다면 어떤 것이라도 좋으니 하나만이라도 적어야 한다. 단, 완벽하게 적으려 하지 말자. 일단 연필로 적어놨다가 나중에 수정해도 괜찮다. 꿈은 중간에 바뀔 수도 있는 것이라 처음부터 너무 완벽하게 쓰려다 보면 스트레스를 받고 수첩의 성공적인 사용에 걸림돌이 된다. 내가 지우고 고치며 만들어가는 과정에서 한 가지씩 꿈을 달성해가는 고민의 흔적들이 고스란히 묻어날 때 수첩은 더욱 값진 나만의 책이 될 것이다.

꿈을 단 한 가지라도 적고 나면 비로소 당신만의 수첩, 당신만의 역사가 시작된다. 꿈 세 개를 적는 데 몇 개월이 걸릴 수도 있지만 가급적 1주일 안에 모두 적은 뒤 마음속 소리를 가만히 들어보자. 표면적인 나와 달리 내 마음은 꿈 세 개에 대해 솔직한 답을 준다. 오늘 한 가지를 적고 잠시 덮어두어도 좋다. 어느 날 문득 책상에 앉았을 때나 지하철 출근길에서 '정말 이 꿈을 달성하지 않고는 미칠 것 같다'는 꿈이 떠오르는 순간이 있을 수 있는데 그때 적어도 좋다. 중요한 것은 항상 수첩을 내 양복 주머니 안쪽에 넣거나 나의 핸드백 속에 쏙 넣고 다니다가 머리에 생각이 떠올랐을 때 적는 것이다. '나의 꿈'을 적기로 한 페이지에 수십 개의 꿈을 적고 그중 가장 중요하다고 생각하는 세 가지를 옮겨 적는 것도 한 가지 방법이다.

이제 구체적으로 상상해보자

꿈 세 가지를 적었다면 그다음엔 좀 더 디테일하게 들어가볼 차례다. 나는 개인적으로 꿈목표, 꿈가격, 달성일 등 세 가지 항목을 설정한다. 꿈목표는 내가 이루고 싶은 꿈이다. 생각나는 대로 적어보자. 무엇이든 내가 바라는 꿈목표를 자세하게 적으면 된다. 오늘 한 개밖에 적지 못했다고 해서 고민할 필요는 없다. 일단 꿈목표를 적기 시작하면 꿈이 술

술 나올 테니 말이다.

꿈목표 옆에는 꿈가격을 적자. 꿈가격이란 그 꿈을 구체적으로 달성할 때 필요한 가격인데, 꿈목표는 '가격 산출이 가능한 것'과 행복 등 '가격 산출이 불가능한 것'의 두 종류로 구분된다. 꿈가격을 산출해보는 것이 유익한 이유는 구체적인 가격을 도출하는 과정에서 자신이 설정한 꿈목표의 달성을 위해 얼마나 노력해야 하는지를 A부터 Z에 이르기까지 그려볼 수 있기 때문이다.

예를 들어 열심히 일한 나에 내관 보싱으로 랜드로버 디스커버리 4를 구입하기로 결정했다면 이 차의 가격은 얼마인지 알아보고 꿈가격 칸에 적으면 된다. 경제독립을 위해 1억 5,000만 원 대의 오피스텔을 구입하는 것을 목표로 세웠다면 꿈가격은 1억 5,000만 원이 된다. 이렇게 구체적인 수치가 눈에 들어오면 꿈을 현실로 만들기는 더 쉬워지고 빨라진다. 개인의 편차에 따라 어떤 사람은 꿈가격 합계가 10억 원인 사람도 있을 것이고 100억 원이 넘는 사람도 있을 것이다. 얼마가 됐든 상관없다. 자신의 꿈가격을 정확히 산출하고 디테일한 세부 실행계획을 세워보는 것만으로도 절반은 성공한 셈이기 때문이다.

꿈목표와 꿈가격을 적었다면 달성일을 반드시 적어야 한

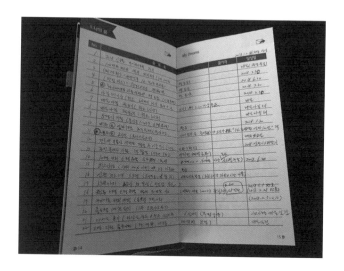

다. 언제까지 달성할 것이란 마감일이 없는 꿈목표를 이루기란 쉽지 않다. 대부분 사람들이 꿈을 이루지 못하는 이유는 구체적인 마감일이 없기 때문이다. 어떤 꿈은 며칠 만에도 이룰 수 있지만 몇 년이 걸리는 꿈도 있을 것이다. 중요한 것은 각 꿈목표별로 분명한 달성일을 적어놓는 것이다.

구체적인 꿈을 꾸기 위한 연습

현재의 나를 되돌아보고 꿈을 구체화시키는 과정에 도움이 되는 몇 가지 주제들이 있다. 한 번씩 상상해보자.

1. 최고의 순간들

내 인생 최고의 순간들을 떠올려본다. 지금까지의 삶이 아무리 힘들었어도 인생 최고의 순간은 누구에게나 한두 개쯤 있기 마련이다. 평생 꿈에 그리던 아내와 남편을 만난 순간, 또는 기억에 오래 남을 정도로 멋진 여행을 했던 순간도 있다. 감동적인 최고의 순간들을 적어보면 사소한 근심 걱정은 눈 녹듯 사라지고 새로운 용기와 희망이 가슴속에 샘솟기 시작한다. 이 방법은 뭔가 일이 잘 풀리지 않고 나에 대한 동기부여나 용기를 충전시킬 때 효과적이다.

2. 최고의 선택

내 인생 최고의 선택을 적어보자. 스스로 결정해서 선택했던 값진 결정들과 좋은 결실을 기억에서 꺼내보는 것이다. A와 B라는 두 가지 갈림길에서 편하고 일반적인 선택을 하지 않고 불편하지만 의미 있는 선택을 했던 자랑스러운 일을 적어보자. 예를 들어 힘들게 모은 종잣돈으로 10년 탄 차

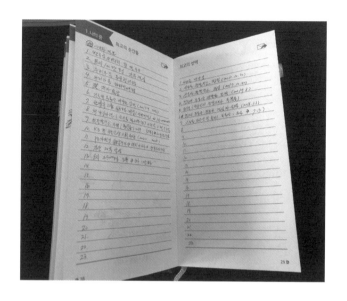

를 바꾸려 고민하다가 대출을 받아 월세 50만 원이 나오는 수익형 오피스텔을 구입한 선택은 경제독립이라는 꿈을 향한 최고의 선택이 될 수 있다. 다니던 회사에 사표를 내고 소자본 창업으로 성공해나가는 중에 있다면 안락한 직장을 그만두기로 한 과거의 선택이 현재 시점에서 봤을 때 매우 현명한 선택이었음을 알 수 있다. 아파트 평수를 줄여 만든 여유자금으로 어느 정도 투자 차익을 남겼다면 당신은 미래에 행복한 부자가 될 탁월한 선택을 한 것이다.

사소한 것이든 중요한 것이든 선택은 누구나 매 순간 하는 것이다. 지나온 날을 돌이켜보면서 내가 내린 최고의 선택을 적어보고 앞으로 만나게 될 수많은 갈림길에서도 최고의 선택을 하겠다고 다짐하자. 언제나 최고의 선택을 할 수는 없겠지만 최소한 좋은 선택은 할 수 있도록 이끌어줄 것이다.

3. 최고의 인연

인생은 혼자 살 수 있는 것이 아니다. 성공 역시 혼자만의 노력으로 이루어지지는 않는다. 좋은 사람과 맺어진 최고의 인연은 내 인생을 업그레이드해준다. 이탈리아 수입명품업체를 운영하는 김 사장은 자신이 좀 더 부자 친구들을 일찍 만났더라면 지금보다 더 큰 부자가 돼 있었을 거라고 입버릇처럼 말한다. 성공한 이들은 조찬 모임을 통해 CEO 모임에 참석하거나 자신의 부족한 부분을 채워줄 인연, 즉 인맥을 만나기 위해 노력한다. 먼저 나 자신이 타인에게 최고의 인연이 될 수 있도록 노력하자. 스스로를 갈고 다듬으며 실력을 키우고 꿈을 향해 정진하다 보면 최고의 인연을 만나게 된다. 생각지도 않았던 마법의 순간은 최고의 인연에서 시작된다.

4. 최고의 여행

여행만큼 힘들고 어려울 때 힐링이 되는 것도 없다. 대한민국 구석구석을 안내하는 국내 여행 상품을 통해서도 좋은 곳을 수없이 찾을 수 있다. 당신이 지금껏 다녀온 최고의 여행을 적어보자. 비행기 티켓 한 장과 배낭 하나만 들고 해외여행을 다녀온 추억도 있을 것이고, 부모님과 함께 다녀온 동남아 여행 혹은 자녀 뒷바라지와 집안일에 손 마를 날 없이 고생한 아내의 손을 잡고 가까운 곳으로 훌쩍 떠났던 여행이 최고의 여행으로 남아 있을 수도 있다. 자기계발 작가인 브라이언 트레이시Brian Tracy는 20대 시절 친구와 다녀왔던 사하라 사막 여행이 자기 인생을 바꾼 최고의 여행이라고 말한 바 있다.

행복이란 결국 소소한 즐거움이 쌓여 내 삶의 기쁨이 되고 살아가는 이유가 되는 것이다. 최고의 여행을 통해 추억과 행복을 많이 만들어가자.

5. 최고의 물건

누구에게나 자신이 아끼는 물건은 하나쯤 있다. 친구가 밤새워 접은 종이학과 그가 쓴 편지 한 장은 나만의 평생 보물이다. 연애 시절 남편에게 사랑의 편지와 함께 받은 스카

프도 그런 보물일 수 있다. 시간의 가치를 잊지 않기 위해 3
년 종잣돈을 모아 구입한 명품 셀프와인딩 태엽시계가 나의
신념을 나타내주는 최고의 물건이 될 수 있고, 내 꿈을 적어
놓은 일기장 역시 소중한 물건이다. 열심히 노력한 자신에
게 스스로 선물해줄 최고의 물건을 수첩에 적어놓고 동기부
여의 모멘텀으로 잡아도 좋다. 내 꿈의 증거가 될 수 있는 최
고의 물건을 한 가지씩 만들어보자.

6. 최고의 책

지금껏 읽은 책 중에서 기억에 남는 책 제목을 적어본다. 오래전에 읽었지만 다시 한 번 읽고 싶은 책이 분명 있을 것이다. 더불어 당신에게 있어 최고인 책들을 위해 책장 한 칸을 비워놓고 한 권, 두 권씩 채워나가자. 독서는 정말이지 최고의 습관이고, 최고의 책을 쓴 멋진 스승들은 내 인생의 멘토와도 같다. 힘들고 어려울 때 용기를 주고 부족한 실력을 채워주며 현실에 안주하려는 나를 끊임없이 채찍질해주는 것이 책의 힘이다. 최고의 책을 많이 가질수록 인생은 더 빛나고 삶도 더욱 풍요로워진다. 한 걸음 더 나아가 최고의 책을 쓴다는 목표를 세워도 좋다. 당신이 만들어가는 수첩이 당신 인생 최고의 책이 될 수 있다. 당신만의 수첩에서 '최고의 책' 부분을 빼곡히 채울 수 있다면 당신 삶에 기적같이 놀라운 일이 일어나는 것은 시간문제일 뿐이다.

7. 최고의 영화

책에 이어 당신이 생각하는 '최고의 영화' 리스트를 적어보자. 가장 저렴한 비용으로 최고의 상상력을 얻을 수 있는 방법이 바로 영화 관람이다. 좋은 영화 한 편은 멋진 인생 한 편을 간접적으로 체험하는 것과 같다.

영화를 통해서는 지금껏 가보지 못한 멋진 곳에도 갈 수 있고, 앞으로 다가올 멋진 미래도 미리 체험해볼 수 있다. 2시간 내외의 짧은 상영시간 동안 당신의 꿈에 무한 날개를 달아보자. 상상력에는 끝이 없다. 당신은 상상력의 크기만큼 큰 꿈을 꿀 수 있고, 당신이 상상한 꿈은 당연히 현실로 만드는 것이 가능하다. 조금만 서둘러 아침 일찍 일어나면 7분을 나만의 수첩 적는 시간, 2시간을 멋진 조조영화를 보는 시간으로 만드는 것이 가능하다. 꿈을 향해 정진하는 과정에서 무한한 상상력과 간접체험을 가능하게 해주는 영화를 나는 강력히 추천하며, 당신만의 '최고의 영화' 리스트를 많이 만들어가길 응원한다.

혼자 보는 것도 좋겠지만 제일 좋은 영화 관람 방법은 사랑하는 사람과 함께 보며 감동의 시간을 공유하는 것이다. 가뜩이나 대화가 단절된 요즘, 온 가족이 좋은 영화 한 편을 본 뒤 서로 영화 얘기를 하며 가족의 의미를 되새기는 것도 값진 일이다.

8. 최고의 아이디어

영감의 순간은 언제 어떻게 찾아올지 모른다. 항상 안테나를 켜놓고 있다가 번뜩이는 아이디어가 떠오르면 수첩의 '최고의 아이디어'란에 재빨리 적자. 그 아이디어 하나가 당신 삶에 혁명을 가져올 수 있으니 말이다.

아이디어가 떠오르는 순간은 사람마다 다르다. 어떤 사람에게는 그때가 아침에 일어나 화장실에서 양치질을 하던 중일 수 있고, 또 다른 이에게는 지하철로 어딘가를 가던 중일 수 있다. 중요한 것은 수첩을 항상 휴대하고 다니면서 순간적으로 아이디어가 떠올랐을 때 기록하는 습관을 들이는 것이다.

처음에 떠올렸던 아이디어가 대수롭지 않을 수도 있다. 하지만 나중에 다시 읽어보면 무릎을 탁 치게 되는 아이디어도 있다. 바로 그때가 작은 아이디어는 생각지도 못하게 큰 아이디어로 변신하는 순간이다. 사소한 아이디어라도 놓치지 말고 수첩에 적은 뒤 숙성시키는 기간을 가져보자. 좋은 아이디어는 하루아침에 뚝딱 생각나는 경우가 드무니 꾸준히 아이디어를 적고 시간 날 때마다 다시 읽고 생각을 집중하자. 그러다 보면 어느 날 나만의 수첩에 있는 '최고의 아이디어' 페이지에서 인생의 금맥을 발견할 수 있을 것이다.

9. 내가 이루어야 할 '최고의 ○○○'

자신이 얻고자 하는 최고의 타이틀을 정하고 일상에서 1%가 되는 노력을 기울이면 생각지도 못한 순간 실제로 1% '최고의 ○○○'가 된 자신을 만나게 된다. 지금은 최고가 아니더라도 자신이 바라는 분야에서 최고가 되는 꿈을 꾸고 노력하다 보면 서서히 일상에 변화가 일어나기 시작하고 꿈을 현실로 만들어나가게 된다.

10. 1% 핵심역량 키우기

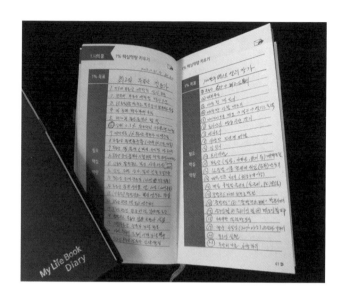

  상위 1%가 되기 위해선 1% 핵심역량을 키워야 한다. 핵심역량 리스트를 작성하기 전에 꿈목록을 다시 한 번 읽어보자. 꿈목록의 꿈목표를 달성하기 위해 필요한 핵심역량이 떠오를 것이다. 외국어 학습 같은 공통적인 핵심역량이 있는가 하면 자격증 취득, 혹은 창업을 위한 경험축적 같은 개별역량도 있다. 일단은 어느 분야에서나 공통적인 1% 핵심역량을 생각나는 대로 적어보자. 외국어 공부, 전문분야의 책 읽기, 자산관리 능력 등 무엇이라도 좋다. 1% 핵심역량 리스트를 적다 보면 자신에게 부족한 역량이 무엇인지 한눈에 파악됨은 물론 앞으로 어느 역량에 좀 더 집중해야 하는지도 선명해진다.

제한된 시간과 힘을 어디에 어떻게 써야 할지 분명히 파악되면 막연하게 서두르지 않고 여유가 생기면서 효과적으로 시간을 활용할 수 있게 된다. 지금 당장 실행할 꿈목표 두세 가지를 선정하여 1% 목표에 적고 구체적으로 필요한 핵심 역량을 써보면 한결 편안해신 마음으로 자연스럽게 목표에 가장 효과적으로 집중할 수 있을 것이다. 중간에 방황하거나 스트레스를 받을 때 다시 1% 핵심역량 키우기를 읽으며 마음을 바로잡고 정진하자.

11. 구체적인 시간 활용법 설정

시간은 세상에서 가장 공평한 자산이다. 부자나 가난한 사람, 성공한 사람이나 성공을 꿈꾸는 사람 등 지위고하를 막론하고 세상 모든 이들 누구에게든 하루는 24시간이다.

나는 이러한 시간이라는 자산에서 희망을 발견한다. 시간 속에는 지금의 답답한 현실을 역전시킬 수 있는 힘이 숨겨져 있기 때문이다. 이미 지나버린 시간을 되돌리는 것은 불

가능하지만, 지금 당신에게 주어진 시간은 미래를 바꾸는 힘의 밑바탕이 된다.

간단한 양식을 활용해서 나만의 수첩에 적은 꿈목표를 현실로 만들 수 있는 시간 활용 계획을 세워보자. 예를 들어 5년 뒤 은퇴하고 가질 새로운 직업을 위해 자격증을 취득하기로 결심했다면 꿈목표 칸에 1% 목표를 적고 목표를 달성하기 위한 필요시간을 적자. 그리고 그 목표를 위해 매일 투자해야 하는 시간을 적고, 꿈목표 달성에 필요한 최소시간을 채우기까지는 어느 정도 기간이 걸릴지 산출해보자. 꿈을 현실로 만들려면 막연하고 추상적인 생각에만 그치는 것이 아니라 이처럼 수치로 측정 가능하게 변환시켜야 한다. 그 과정에서 자신의 꿈목표를 위해 들여야 하는 시간은 물론 구체적으로 어떤 노력을 기울여야 하는지도 명확히 인지할 수 있다. 시간 및 기간에 대한 계획을 세운 뒤에는 반드시 실천을 하자. 하루에 단 1분이라도 실제로 시간을 투자하는 노력을 기울여야 한다.

처음부터 거창한 성공을 이룬 사람은 단 한 명도 없다. 성공이란 아주 작은 목표의 달성이 쌓여서 이루어진다. 처음부터 큰 꿈을 그리는 것이야 당연하지만 실행만큼은 냉정하게 추진해야 한다. 큰 꿈목표를 세부적으로 잘게 쪼갠 뒤 한 가지씩 실제 노력을 기울임으로써 작은 성공을 쌓아가야 한다. 내가 설정한 꿈목표의 실현에 100시간이 필요하다면 하루 1시간씩 100일을 투자해서 달성할 수 있는 목표로 변환하고, 매일 그만큼의 시간을 확보하여 실행해나가는 식이다. 1%가 된 이들 역시 작은 성취를 쌓아서 결국 큰 성취를 이룬 사람들이다. 무엇이든 이룰 수 있다는 강력한 자신감으로 무장하고 나만의 시간활용법을 활용해보자.

12. 오늘이 나의 마지막 날이라면 해야 할 일

스마트폰으로 인류의 삶에 큰 혁신을 가져온 스티브 잡스 Steve Jobs 역시 한때는 한 끼 배고픔을 해결하기 위해 고달픈 일상을 겪었던 사람이다. 하지만 그는 매일 아침 거울을 보며 자신에게 "오늘이 마지막 날이라면 지금 이 일을 하겠느냐?"라는 물음을 던졌고, 그때부터 그의 삶이 조금씩 달라졌다는 것은 매우 유명한 일화다. 시간을 내어 나 자신에게 진

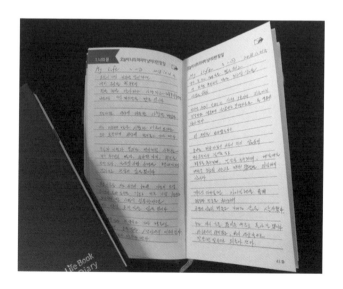

지한 물음을 던지자.

"오늘이 나의 마지막 날이라면 나는 무엇을 할까?"

3.
인생로드맵

암담한 현실을 이겨 나갈 진정한 힘은 어디서 오는 걸까? 성냥팔이 소녀처럼 추운 겨울날 성냥이 켜져 있는 짧은 시간 동안 행복한 순간을 잠깐 머릿속에 그려보는 방법도 있겠지만, 힘든 현실 속에서도 삶을 버티게 하는 내구력이 있다면 그것은 어디에서 나올까? 바로 꿈을 이룬 내 모습을 생생하게 그려보는 것이다.

사실 세상은 기본적으로 불공평하다. 현재의 내 모습은 내가 선택해서 이루어진 내 모습과 내가 선택할 수 없었던 부분이 공존해 있다. 내가 선택할 수 없었던 부분은 나의 부모 및 기본적인 환경이다. 80% 이상의 사람은 흙수저로 태어난다. 통상적인 사회시스템에서 흙수저로 태어난 사람은 금수저로 태어난 사람에 비해 더 많이 노력해야 하는 것이 사실이다. 출발 자체가 다르니 이는 어쩔 수 없다. PB로서 자산관리를 하며 수많은 부자들과 성공한 사람들을 만났고, 그중에는 금수저로 태어난 사람도 있었다. 부모가 부자인 경우 자녀가 부자가 될 확률은 상대적으로 높아진다. 종잣돈 마련이나 사업 발굴 면에서 부모의 경제력에 따라 자녀가 가질 수 있는 기회의 정도가 다르기 때문이다.

그럼에도 나는 흙수저로 태어났다고 해서 금수저가 되는 것이 영원히 불가능하다고는 절대 생각하지 않는다. 흙수저에서 금수저로 변신하는 첫걸음은 종잣돈을 마련하는 것이고, 그와 함께 돈이 될 사업 아이템 발굴을 위해 1%의 실력을 갖추고 노력하는 수밖에 없다. 중요한 것은 흙수저인 부모를 절대로 원망해서는 안 된다는 것이다. 누구를 원망하는 것은 부정적인 마음이 들 때 하는 행동인데, 이런 사람은 매사를 삐딱하게 보기 때문에 성공을 위한 가능성에 집중할 힘이 없다.

세상의 부는 편중되어 있고, 상위 20%의 사람들이 하위 80%의 이들보다 더 많은 돈을 가지고 있다. 그렇기에 대부분 사람에게 있어 현실은 고달프다. 요즘의 대학생들은 졸업후에도 변변한 직장을 구할 기회조차 갖기 힘들고, 샐러리맨은 얼마 되지 않는 월급을 받으며 남을 위한 삶을 살아가는 데 지쳐 있다. 한국 사회는 고도성장기를 지난 지 오래되었기 때문에 부를 이룰 기회는 예전보다 훨씬 더 적어진 것이 사실이다. 그래서인지 참으로 많은 사람들이 경제적 이유에서 지쳐 있다.

하지만 곰곰이 나 자신을 되돌아보면 돈이란 것이 인생의 궁극적인 목적은 될 수 없다는 생각이 든다. 사회적 동물로서 세상에서 유일한 존재인 나 자신의 목표는 자아실현과 인류에 공헌하는 것이기 때문이다. 행복한 삶을 추구하면서 말이다.

3년, 5년, 10년 뒤 꿈을 이룬 내 모습을 그려보자

그렇다면 행복한 삶을 살기 위해서는 어떻게 해야 할까? 내가 정말 하고 싶은 일을 찾아 그 분야에서 진정한 1%가 되는 것이 정답인데 현실적으로는 내 꿈을 제대로 찾아내는 것조차 쉽지 않다. 이렇게 막막할 때 바로 나만의 수첩에 '꿈을 이룬 내 모습'을 그려보는 것이 필요하다.

먼저 잠깐이라도 나만의 시간을 만들고 편안한 장소를 찾아 누구의 방해도 받지 않은 상태를 만들어보자. 흔한 커피

숍도 좋고 새벽에 조금 일찍 일어나 책상에 앉아도 좋다. 꿈을 이룬 내 모습은 구체적으로 5년, 10년 뒤 내가 되고자 하는 모습이다. 꿈 목록을 만드는 것이 꿈의 씨앗들을 내 마음 밭에 파종한 것이었다면, 꿈을 이룬 내 모습은 그 꿈의 씨앗들에서 구체적으로 자라난 5년, 10년 뒤 내 모습을 상상하는 것이다. 다만 모든 꿈을 다 이룰 수는 없기 때문에 포커싱, 즉 초점을 맞추는 것이 필요하다.

꿈 목록 중에서 내 마음이 가는 1~3개의 꿈목표를 찾아 그것을 수첩 상단에 제목으로 적고 그 꿈을 이룬 내 모습을 그림으로 그려보자. 예를 들어 10년 뒤 소나무가 우거진 멋진 한옥을 갖고 싶다면 달성 예정 날짜가 있는 꿈목표를 적고 그림을 그려보는 것이다. 꿈을 이룬 모습을 생생하게 상상하며 직접 손으로 그리는 것이 가장 좋겠지만, 부족하다면 인터넷에서 멋진 사진을 찾아 붙여도 된다.

제목 하단에는 구체적인 액션플랜을 적어본다. 당장 그 자리에서 모든 액션플랜이 생각날 수는 없으니 시간을 들여 정보를 수집하며 하나씩 채워가는 것이 좋다. 소나무가 우거진 한옥을 지을 수 있는 토지를 알아보고, 토지 매입에 필요한 예산도 부담 없이 상세히 적어보자. 한옥을 직접 짓고 싶다면 한옥 박람회에 가거나 내가 살고 있는 지자체에서

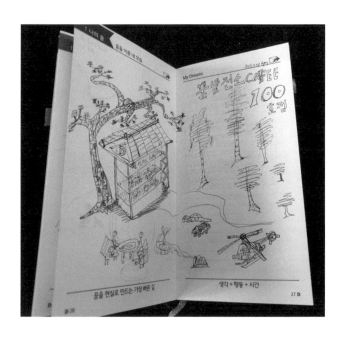

무료로 운영하는 한옥 집짓기 교육프로그램이 있는지 찾아
보고 수강신청을 해보자. 소나무는 어떻게 구할 수 있을까?
지금부터 작은 화분에 소나무 분재를 가꾸어도 되고 토지가
마련되는 대로 소나무를 길러도 좋다. 중요한 것은 큰 꿈을
적고 아주 세밀한 실행계획을 세운 뒤 제일 작고 쉬운 것부

터 한 가지씩 해나가는 것이다. 이런 노력이 가져오는 놀라운 위력을 직접 경험해보자.

처음부터 완벽하게 꿈을 이룬 내 모습을 적을 필요는 없다. 단 한 가지라도 좋고 세 가지, 일곱 가지라도 좋으니 그냥 끄적거려 놓자. 그러다 삶에 지친 어느 날 다시 수첩을 펼쳐 보며 조금씩 살을 붙여나가자. 꿈을 이룬 모습을 시간이 걸리더라도 구체적이고 상세하게 그릴수록 당신의 꿈이 현실로 이루어질 확률은 높아진다. 소중한 꿈의 설계도를 가진 사람과 아무런 계획도 없이 사는 사람은 미래의 결과값이 다를 수밖에 없다.

꿈을 현실로 만드는 가장 빠른 요소들이 무엇인지 정리해보자.

첫 번째는 '생각'이다. 석가모니는 일찍부터 "세상 모든 일은 내 생각에서 시작된다"고 설파했다. 나의 꿈은 나의 생각, 나의 의식, 나의 의지에서 시작된다. 생각 자체가 인생이고 삶이므로 우리는 올바르게 생각함은 물론 끊임없이 자신에게 질문을 던져야 한다. 1% 성공자의 특징 중 하나는 끊임없이 자신에게 "왜"라는 질문을 던지고, 이것이 습관으로 자리 잡았다는 것이다.

두 번째는 '행동'이다. 행동 없는 생각은 몽상에 그치기 십 상이다. 아무리 좋은 생각을 하고 아무리 좋은 아이디어를 가지고 있다고 해도 그것을 실제 행동으로 옮기지 않으면 아무 일도 일어나지 않는다. 의욕이 저조하고 매사를 부정 적으로 바라보게 될 때 차가운 얼음물로 세수를 하면 맑은 생각이 번쩍 든다. 세수라는 행동을 함으로써 정신을 차리 게 하는 것이다.

마지막 요소는 '시간'이다. 시간이란 누구에게나 공평하 게 주어져 있는 자산이다. 앞서 말한 것처럼 시간이라는 자 산을 제대로 활용하는 것이 흙수저라도 금수저가 될 수 있 는 가장 중요한 방법이다.

나만의 수첩에 1월 1일을 1번으로, 12월 31일을 365번으 로 매긴 뒤 매일매일을 채워 나가보자. 이때 채워져야 할 내 용은 그날 이뤄야 할 목표에 관한 것이다. 단 한 문장, 아니 한 단어라도 좋다. 1년 365일간 쌓이면 그게 무엇이든 엄청 난 위력을 발휘하기 마련이다. 적는 순간 가장 중요한 하루 의 꿈목표가 생기고, 운이 좋으면 귀중한 아이디어가 샘솟 을 수도 있다. 작은 하루하루의 꿈목표를 정하고 실행하는 시간이 쌓이면 궁극적인 큰 꿈목표가 달성된다.

지금 이 책을 읽고 있는 당신은 멋진 사람이다. 이 책을 사서 읽을 정도로 강력한 의지를 가졌고 누구보다 자신을 사랑하며 삶을 개선시키고 싶은 사람이니 말이다. 멋진 당신의 꿈을 현실로 만들어줄 가장 빠른 길은 바로 '생각+행동+시간'이다. 나는 이 점을 잊지 않기 위해 목걸이에도 새겼고 수첩 곳곳에도 적어놓았다.

내 꿈의 롤모델을 정하자

꿈목표를 설정했다면 그 다음에는 맨손에서 시작해 1%의 꿈을 이룬 위인들을 찾아 당신의 롤모델로 삼아라. 앞서 이야기했듯이 나는 베스트셀러 작가를 꿈꾸었기에 조앤 롤링을 롤모델로 정했지만 각자의 분야에 따라 스티브 잡스, 손정의, 마윈Ma Yun, 빈센트 반 고흐Vincent van Gogh, 일론 머스크Elon Musk 등 얼마든지 다를 수 있다. 이런 롤모델들의 공통점은 우리처럼, 어쩌면 우리보다 더 힘겨운 시절을 거쳤다는 것이다. 하지만 그들은 1%의 자리에 올랐다. 그들도 해냈는데 내가, 또 당신이 이루지 못할 이유가 있을까?

나는 100억 원대는 물론 수천억 원대의 자산을 지닌, 대한민국의 내로라하는 0.1% 슈퍼리치들의 자산관리를 하면서 그들 역시 부의 롤모델을 갖고 있음을 알게 되었다. 그들은 자신보다 더 큰 부자들의 돈 버는 방법과 노하우를 배우고자 틈틈이 그들과 관련된 책을 읽고 관련 정보들을 수첩에 정리하는 노력을 기울이고 있었다.

단순히 돈을 많이 버는 데 목표를 두지 않고 한국 위인은 물론 세계 위인들의 자서전을 읽으며 자신을 자극하는 부자들과 1% 성공자의 모습을 수없이 목격하면서 나는 자신만의 롤모델을 정하고 따라 하려는 노력이 얼마나 중요한 것인지 새삼 깨달았다. 일례로 이탈리아 명품수입업체를 운영하고 있는 김 사장은 실제로 국내 인물의 위인전은 모두 읽었다고 했다. 사업가를 꿈꾸는 사람에게 가장 중요한 것이 무엇이냐는 질문에 그는 조금도 망설이지 않고 "어학 실력을 갖추는 것과 끊임없이 독서하는 것"이라고 대답했다.

일상에서 경제적인 도약을 하고자 할 때 힘이 드는 것은 당연한 일이다. 무엇인가를 추구한다는 것은 그간 평범했던 내 생활에 특별한 노력을 더하는 일이니 말이다. 심지어 그 과정에서 노력한 만큼의 성과가 없는 것 같다는 생각이라도 들면 좌절과 낙담에 빠지게 된다. 이때 끊임없이 힘을 북돋우고 삶의 의욕을 고취시키는 것이 바로 책 읽기의 힘, 구체적으로는 위인전 읽기의 힘이다.

위인전을 읽다 보면 그들 역시 첫 출발은 어려운 환경, 어찌 보면 우리보다 더 못한 환경에서 출발했다는 점에서 적지 않은 위안을 받는다. 태어나자마자 친부모에게서 버림받은 스티브 잡스는 한 끼 끼니를 해결하기 위해 먼 거리를 걸어 교회에 걸어가길 반복했다. 마윈은 어떠한가? 변변한 직장조차 얻지 못한 데다 1955년 고속도로 보수회사의 일로 미국에 갔다가 미국 투자회사의 사기에 속아 무일푼 신세로 공항으로 쫓겨났다. 비행기표를 살 돈이 없던 마윈은 당시 수중에 있던 25센트로 공항 슬롯머신에서 베팅을 했는데 운 좋게도 600달러를 벌었다. 중국으로 돌아가려다 갑자기 생각이 바뀐 마윈은 지인의 사위로부터 인터넷을 처음 배우게 되고 미국에서 처음 접한 인터넷이 후에 중국에서도 큰 변화의 계기가 될 거라는 예감이 들었다. 그리고 그 결과는 우리 모두가 아는 바다.

나만의 수첩에 마음속 영웅을 적어보자. 위인들에게서 닮고 싶은 점을 구체적으로 적고 그들이 어려운 환경에서 성공할 수 있었던 단서를 포착하여 내 삶에 적용시켜보자. 항상 그렇듯 큰 성공은 대수롭지 않은 작은 우연과 아주 작은 실행, 작은 결심에서 시작된다. 그 시작의 씨앗은 이미 성공한 위인들을 본받고자 하는 노력 안에 있다.

4.
행복

행복이란 무엇인가? 수많은 위인들이 행복을 논하고 책을 썼다. 누구나 행복이란 화두를 안고 살아간다. 어떻게 사는 것이 행복한 삶인가?

노벨문학상 수상자 버트런드 러셀Bertrand Russell은 『행복의 정복Conquest of Happiness』이란 책에서 다양한 관점으로 행복에 대해 이야기한다. 내게 가장 위안을 준 구절은 "모든 사람들은 생사에 관계없이 우주 속에서 서로 연결되어 있다"였다. 사랑하는 사람과도 언젠가 생사로 인한 이별을 피할 수는 없겠지만 사랑의 기쁨과 아픈 이별이 결국 우주 속에서 영원하게 이어진다고 생각하니 지금 겪는 잠깐의 고통과 슬픔은 먼지처럼 작아 보였다.

나만의 수첩에서 가장 중요한 부분 중 하나가 '행복'편이다. 성공하려는 이유가 무엇인가? 내가 행복해지기 위해서다. 돈을 많이 벌었다고 해서 행복한 것은 아니다. 마찬가지로 높은 사회적 지위를 얻었다고 행복해지는 것도 아니며, 가난하다고 불행한 것도 아니다. 사람마다 행복에 대한 기준은 모두 다르지만 공통적인 요소가 있으니 바로 가족, 건강, 친구, 좋은 인맥, 소소한 즐거움, 나눔과 봉사다. '행복에 관해서도 수첩에 적어야 하나?'라는 의문이 들겠지만 이 역시 적어야 하는 부분이다. 행복을 이루는 작은 것들을 찾아서 적고 내 마음 상태를 관찰해보자.

먼저 가족에 대해 생각해보자. 많은 사람들에게 가족은 행복의 가장 우선순위다. 가족은 나 자신을 포함해서 사랑하는 배우자, 자녀, 부모님 등 인척관계의 사람들로 구성되어 있다. 수첩에 가족의 이름을 적고 그들과의 관계를 적어보자. 예를 들어 아내에 대해 적는다면 아내를 처음 만난 순간부터 아내와 보낸 행복한 시간들, 작은 사건들을 적는 것이다. 누구나 이런 순간은 있기 마련이다.

과거를 돌이켜보면 현재도 세심히 점검해볼 수 있다. 지금 행복하지 않다면 그 이유를 한 번쯤 생각해보게 된다. 아내와의 행복을 적을 때 고마운 점에 초점을 맞춰 적어보자.

예를 들어 나같이 못난 사람을 만나서 경제적으로 힘들고 고생만 했는데 지금까지 참고 잘 살아와준 것에 대한 고마움일 수도 있고, 몇 백 원의 버스비를 아끼기 위해 두세 정거장을 기꺼이 걸어다니는 아내에 대한 미안함일 수도 있다. 이렇게 작지만 감사할 일들을 적다 보면 마음이 차분히 안정되면서 아내에 대한 불만도 눈 녹듯 사라진다. 배우자에 대해 진정한 사랑의 힘을 회복하고 충만한 관계가 이어지도록 노력하는 것이 행복의 첫 출발이 된다.

아이들에 대해서도 적어보자. 나의 자녀들이 저마다 가진 장점에 대해 적고 내가 자녀의 행복과 꿈을 위해 무엇을 해줄 수 있을지 생각해보고, 사소한 것이더라도 아이들을 위해 실천해볼 수 있는 일도 적어보자. 입시준비에 고생하는 아이를 위해 깜짝 이벤트를 준비하거나, 공부하고 밤늦게 돌아오는 아이를 마중도 나가보고, 피로를 풀어주는 안마도 해주자. 아침 등굣길에 나서는 자녀의 등을 두드리며 덕담을 나누고 식탁에서는 내가 읽은 좋은 책에서 발견한 감명 깊은 글도 읽어주자. 자녀가 공부를 잘하든 못하든 부모 입장에서 중요한 것은 자녀에게 꿈과 용기를 주고 아이에게 있어 최고의 롤모델이 되는 것이다. 그렇게 하기 위해 노력하다 보면 자연스럽게 행복한 가정이 된다.

나 역시 돌이켜보면 일에 미쳐 소중한 순간을 후회스럽게 보낸 적이 있다. 2만 5,000건의 카드고객을 신규로 유치했던 10년간, 나는 점심식사도 5분 내에 마치며 고객 한 사람이라도 더 만나기 위해 노력했는데 그러다 보니 하루에 단 한 번, 단 1분도 아내에게 따뜻한 전화 한 통 걸지 못했다. 근무시간 중에는 오직 일에만 집중해야 한다고 생각했기 때문이었는데, 지금 생각하면 참 바보 같은 짓이었다. '이렇게 해서 성공하면 무엇하나?'하며 뭔가 잘못됐음을 깨달은 것은 한참의 시간이 지나서였다.

문제는 나 자신에게 있었다. 아무리 하루에 열 시간 넘게 일에 몰두한다 해도 600분 동안 아내를 위해 1분의 시간을 내서 "점심은 먹었어?" 등 안부를 묻는 간단한 통화조차 하지 못했다는 것은 내 책임이 크다. 만일 그때 아내에게 고마운 점이나 미안한 점들을 수첩에 적어놓고 틈나는 대로 되돌아봤다면 더 행복했을 것이다. 당시를 교훈 삼아 요즘 주말에는 내가 설거지와 청소를 전담함은 물론 수첩에도 집안일과 관련된 소소한 목표를 적어서 실행하고 있다.

아내가 바라는 것이 그렇게 크고 엄청난 것이 아니라는 사실도 알게 되었다. 아내는 나와 함께 시장이나 마트, 또는 1년에 한두 번 음악회에 가는 것 등 작고 소소한 것을 바랐다. 당신도 곰곰이 생각해보면 배우자가 언제 어떤 일로 기뻐하고 행복해하는지 알 수 있다. 배우자가 바라는 것과 함께 당신이 더 노력해야 할 부분을 수첩에 적어나가는 것이 곧 행복을 채워나가는 길이다. 행복도 적어야 한다. 적을수록 행복은 더 가까이 다가오기 때문이다. 행복해지려는 마음, 나와 소중한 가족에 대해 하루 중에 잠깐이라도 시간을 내어 생각하는 시간을 갖자.

아무리 바빠도 아이들과 하루 1~2분이라도 짧게 대화하며 공감대를 넓혀가려는 노력, 가족이 함께 여행을 가거나 영화를 보며 행복한 순간을 만들어보는 것도 중요하다. 가족과 관련된 이런 부분은 매우 사소한 것 같지만 나만의 수첩 '행복'편에 꼭 적어놓아야 할 부분이다. 조금씩 가족 구성원들을 관찰하고 행복을 위해 내가 해야 할 일의 목록들을 적어보면 내가 잘하고 있는지 점검하게 된다. 행복도 의식적인 노력이 따라야 성취할 수 있다.

자신의 부모님은 물론 시댁 혹은 처가댁에 대해서도 마찬가지다. 1주일에 한 번 이상 안부 전화를 드리는 것도 자신의 습관으로 만들려는 노력이 필요하다. 자주 찾아뵙지는 못해도 안부 인사를 드리고 가끔은 통닭 한 마리를 배달시켜드리는 깜짝 이벤트도 해보자. 시골에 계신 부모님을 위

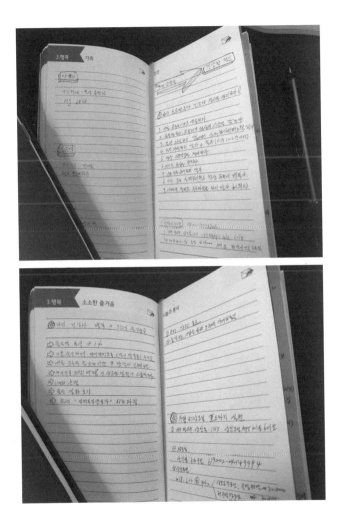

해 하루 휴가를 내어 찾아뵙거나 가끔은 시장에서 옷을 사서 마음을 담아 보내드려보자. 처음에는 하나같이 "뭐 이런 것을 다 보냈냐"며 잔소리를 하실 수도 있지만 부모님의 속마음은 행복으로 가득 찰 것이다.

세상에서 가장 빠른 성공의 비결은 '먼저 주는 것'이다. 무엇을 받으려 하기보다는 먼저 주려고 노력하자. 꼭 물질적인 것들만을 이야기하는 것이 아니다. 가족을 향한 따뜻한 말 한 마디, 사소한 관심이 행복의 첫 단추가 됨을 잊지 말자. 첫 단추를 잘못 끼우면 삐걱대기 시작하고, 삐걱대는 일이 누적되면 행복해야 할 가족이 해체되는 안타까운 경우가 발생한다. 나의 행복은 내 소중한 가족에게 사랑을 먼저 듬뿍 베풀 때 찾아온다. 그것이 나만의 수첩 내의 '행복' 중 '가족'편에 적고 실행해야 할 기본적인 사항이다.

우선 가장 가까운 내 가족에게 이 '먼저 주는 것'를 실천해보자. 작은 실천 몇 가지로도 가족 안의 행복이 무럭무럭 자라는 것을 보고 깜짝 놀라는 자신을 발견할 수 있을 것이다.

5.
경제독립 5단계

독립! 생각만 해도 가슴 뛰는 표현이다.

경제독립이라는 말이 내 가슴에 사무치게 다가온 것은 40대 중반, 『한국의 슈퍼리치』출간 이후 '독자와의 만남'을 가지면서부터였다. 그때의 만남과 모임을 발전시켜 나는 2012년 12월에 꿈발전소를 출범시켰고, 흙수저 출신이지만 1%의 행복한 부자가 된 실제 주인공들을 월 1회 초청하여 이야기를 듣는 '1% 꿈톡쇼'라는 특강을 열었다. 그런데 어느 순간부터 대학생 회원들의 수가 눈에 띄게 줄었고, 꿈발전소 멤버 중에서도 모임에 참석하지 않는 사람이 늘어나기 시작했다. 이유를 알아보니 직장에서 실직을 하거나, 대학생의 경우 취업 준비나 당장의 생업에 급급해서 모임에 참가할

여력이 없는 경우가 대부분이었다.

PB로서 자산관리를 하는 중에 부의 쏠림 현상과 부익부 빈익빈의 심화를 피부로 실감하게 되자 나는 '이런 현상을 계속 방치해두면 양극화가 더욱 심화되어 사회문제가 될 수 있다'는 위기의식을 느꼈다. 물론 나와 꿈발전소의 힘은 미약하지만 그래도 내가 할 수 있는 부분에서 최선을 다해야 한다는 책임감이 들었다. 그 무렵 생각난 것이 바로 실질적인 경제교육을 통해 1차적으로 '경제독립'을 이룰 수 있는 방향성이라도 제시하는 것이었다.

꿈마다 있는 꿈가격을 지불하기 위해서라도 경제독립은 필요하다. 수첩에 이 내용도 꼭 담아보자. 사실 현재 대한민국의 내로라하는 부자 역시 다음에 설명하는 행복한 '부자 되는 5단계 원리'를 크게 벗어나지 않는다.

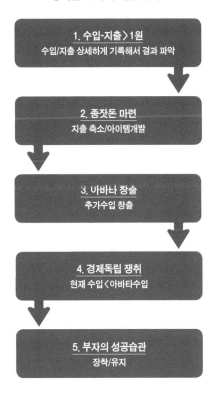

행복한 부자가 되는 원리

1. 수입-지출 > 1원
수입/지출 상세하게 기록해서 결과 파악

2. 종잣돈 마련
지출 축소/아이템개발

3. 아바타 창출
추가수입 창출

4. 경제독립 쟁취
현재 수입 < 아바타수입

5. 부자의 성공습관
장착/유지

경제독립 1단계: 수입/지출의 파악(수입-지출 > 1원)

1단계는 수입과 지출을 명확하게 파악하는 것이다. 무척

쉬워 보이지만 결코 쉽지 않다. 많은 사람들이 자신의 월급은 얼마인지 알지만 지출은 정확히 파악하지 못하고 있다. 그 이유는 신용카드와 마이너스 통장을 쓰기 때문이다. 옛날에는 월급이 월급봉투에 담은 현금으로 지급되었지만, 전산이 발달한 지금은 통장계좌에 온라인으로 입금된다. 그렇다 보니 월급은 그저 통장에 찍히는 숫자로 인식되고, 신용카드 대금 등도 매월 통장에서 자동으로 결제되는 탓에 지출에 대해 무감각해질 수밖에 없다.

특히 고정지출과 변동지출을 자세하게 파악하는 것이 중요하다. 고정지출은 지출 항목 중에서 매월 일정하게 돈이 빠져나가는 항목으로 전기료, 관리비, 등이 해당한다. 이에 반해 변동지출은 외식비, 영화 관람비, 커피 구입비 등 조금만 노력하면 줄일 수 있는 항목을 말한다.

경제독립 1단계를 효과적으로 밟아나가기 위해 추천하는 방법은 가계부 작성이다. 요즘에는 가계부 앱도 다양하게 나와 있으니 손으로 기록하는 종이 가계부가 귀찮다면 앱을 사용하는 것도 방법이다.

일단 수입 항목과 지출 항목을 나누고, 수입 항목에는 월급을 적자. 월급 외 수입이 있다면 자세히 함께 적는다. 지출 항목 역시 가계부를 참고하여 매월 지출하는 내역을 자녀교

육비, 생활비, 대출이자, 외식비 등 큰 항목별로 나누고 각각의 금액을 기록하자. 이렇게 자신의 월수입과 지출을 빠짐없이 적으며 현 상태를 파악해보는 것이 경제독립의 첫걸음이다. 사실 대부분의 사람들이 수입보다 지출이 많은 상태다 보니 이렇게 일일이 수입과 지출을 적는다는 것 자체가 괴롭고, 이런 현실을 외면하고 싶어지는 것이 당연하다. 하지만 경제독립을 쟁취하기로 결심한 이상 흔들리면 안 된다. 당장 오늘 모두 적지 않아도 된다. 1주일 혹은 한 달이 걸리더라도 수입과 지출 내역을 빠짐없이 적어보자. 현재 나의 재정 상태가 매월 플러스인지 마이너스인지를 구체적 숫자로 파악하는 것 자체가 경제독립을 향한 의미 있는 첫걸음이 된다.

경제독립 2단계: 종잣돈 마련 (지출 축소/아이템 개발)

종잣돈 마련이라는 말을 거창하게 또는 거북하게 생각하지 말자. 경제독립 1단계에서 처럼 수입에서 지출을 뺀 나머지를 1원 이상으로 만들고 그렇게 남은 돈을 무으라는 것이다.

솔직히 말해서 수입에서 지출을 뺀 값이 단돈 1원이라도 남는 사람은 매우 드물다. 그렇지 않아도 얇은 지갑을 탈탈 털어 소비할 분위기를 조장하는 사회에 살고 있고, 월급은 쥐꼬리만큼 오르는 데다 잠시 통장을 스쳐 지나갈 뿐이니 항상 마이너스 상태인 것이 이상할 일도 아니다. 이렇게 불편한 현실을 애써 외면하려 카드를 사용하지만 점차 늘어나는 지출 때문에 마이너스 통장을 만들고, 그 한도까지 넘는 바람에 급기야 카드론을 신청하는 상황에까지 이르기도 한다. 이 악순환의 고리는 어떻게 끊어야 할까?

옛날 방식으로 월급봉투에 만 원권으로 급여를 받고, 이 돈을 사용할 때도 현금으로 지출한다고 상상해보자. 신용카드로 물건을 살 때처럼 쉽게 돈을 쓸 수 있을까? 아마 그렇지 않을 것이다. 두툼했던 월급봉투가 줄어드는 것이 눈에 보이니 지출을 할 때도 한 번 더 생각해보게 될 것이다.

또한 할부 기능이 있는 신용카드보다는 통장의 잔액 범위 내에서 지출이 가능한 체크카드를 사용하는 것이 좋다. 매월마다 수입과 지출의 합계를 파악하여 결과값이 플러스인지 마이너스인지를 적어보자. 불편하더라도 이렇게 기록하는 것이 습관이 되면 자신의 돈 씀씀이를 한 번 더 인식하게 되기 때문에 지출을 줄이는 데 도움이 된다. 중요한 것은 지출을 조금씩 줄여가는 것이다. 이미 어느 정도 고정되어 있는 수입을 늘린다는 것은 어려운 일이기 때문이다.

덧붙여 한번 생각해보자. 최고의 수입 창출법은 무엇일까? 바로 자신의 가치, 몸값을 높이는 것이다. 자신의 분야에서 1%가 되기 위해 노력하는 것이 수입을 올리는 가장 빠른 길이다.

1%가 되기 위한 노력과 함께, 기존의 지출 항목 중 줄일 수 있는 부분을 찾고 단돈 1원이라도 줄여나가야 한다. 고정지출을 당장 줄이기는 어렵기 때문에 변동지출 항목을 먼저 줄여나가는 것이 좋다. 내가 아는 어떤 부자는 거의 한 산을 시켜서 일행과 나눠 마시기도 한다. '설마 그렇게까지 할까' 하는 생각이 들지도 모르지만 부자들은 당신이 생각하는 것보다 더 독하게 불필요한 지출을 통제한다.

그렇게 만들어지는 여윳돈을 별도의 통장에 모으자. 그리고 차츰 늘어나는 숫자를 보면서 이걸로 무엇을 할 수 있는지 생각해보자. 그 재미가 쏠쏠하다.

경제독립 3단계: 아바타 창출 (추가수입 > 1원)

매달 1원이라도 모을 수 있는 상황이 되고 나면, 이제부터는 아바타를 창출해야 할 시간이다. 아바타는 내가 직장에서 받는 월급 이외의 다른 형태로 나에게 단돈 1원이라도 만들어주는 모든 것들을 말한다. 내 분신이기도 하고, 내 대신 일해줄 나의 자산이기도 하다.

월급은 진정한 의미의 아바타가 될 수 없다. 내가 몸이 아프거나 실직을 하면 내 유일한 일자리와 월급 역시 냉정하게 사라지기 때문이다. 그러나 아바타는 나의 분신이기에 내가 아프거나 더 이상 일을 하지 않는 상황에서도 꾸준히 나를 대신해서 수입을 창출한다.

이 아바타를 하나만 만들라는 이야기도 아니다. 내 집 마련을 위한 '청약저축'도 아바타라 할 수 있고, 주말이나 퇴근 후 자투리 시간에 부업을 하는 나도 아바타가 될 수 있다. 아바타가 만들어내는 추가수입은 또다른 아바타를 만들기 위해 재투자해야 한다. 이 수입을 다시 생활비에 넣게 되면 오히려 지출 씀씀이만 커진다.

내 집 마련을 위한 청약저축, 자녀의 미래를 위한 교육자금, 행복한 은퇴를 위한 노후자금 등 핵심 목적자금은 적은 금액이라도 지금부터 모아두어야 한다. 또한 투자수익을 올려줄 펀드와 주식, 고정적인 월세 수익을 얻을 수 있는 수익형 부동산도 찾아보자. 이러한 각 아바타들의 목적, 투자금액, 기대수익률을 미리 정하고 기록하면 더욱 효과적이다.

아바타들이 더 많아지고 튼튼해지려면 아이템 발굴에 주력해야 한다. 쉽게 말해 돈 버는 아이디어 개수가 많아져야 한다는 말이다. 하지만 이런 아이템이 하루아침에 생기는 것은 아니므로 평상시에 꾸준히 관찰하고 수첩에 메모하며 찾아야 한다. 실제로 부자들은 이미 자산이 많음에도 불구하고 끊임없이 돈 되는 정보를 찾기 위해 애쓴다. 1%대 저금리 상황에서도 유망 공모주를 발굴해서 투자하는가 하면, 현재의 사업 외에 미래의 먹을거리가 될 만한 사업 아이템을 찾아 절박하게 안테나를 세운다.

내 집 마련 등 개인적으로 생각하는 최소한의 경제적 안정을 찾았다면 좀 더 공격적으로 아바타를 움직일 수 있다.

냉정하게 이야기하면 부자들은 아바타를 많이 가지고 있지만 일반인은 아바타가 아예 없는 경우가 많다. 가지고 있는 재산이 많을수록 아바타는 늘려나갈 수 있다. 수십억 부자라면 10억씩 나누어 아바타를 움직일 수도 있다. '돈이 돈을 버는 세상'이라는 말의 뜻이 이것이다. 금융소득 아바타는 종잣돈을 바탕으로 만들어진다.

금융소득 아바타와 반대되는 개념은 무엇일까? 바로 빚이다. 내 호주머니에서 소중한 종잣돈을 빼내가기 때문이다. 내가 잠자고 있는 순간에도, 일을 하지 않는 순간에도,

빚의 멍에는 어김없이 내 수중의 얼마 안 되는 돈마저 바싹 말라버리게 하는 무서운 존재다. 지금 상황이 절박해서 일반대출 외에 카드 현금서비스나 카드론 대출, 그것도 모자라 고리의 사채이자까지 쓰는 상황이라면 어떻게든 빚의 원금부터 갚을 수 있는 방법을 찾아보자.

내가 자꾸 수첩을 강조하는 이유는 단순히 뭘 적는 행위가 필요해서가 아니라, 계속 내 인생을 생각하고 반복해서 적으며 인생 설계도를 구체화하는 것이 중요하기 때문이다. 단 한 번뿐인 내 인생을 성공으로 이끌려면 지도가 필요하다. 생계가 해결되지 않아 꿈조차 못 꾸는 이들을 나는 그간 많이 보았다. 하루하루가 생존을 위해 절박한 상황에서는 꿈을 꾸는 것조차 사치로 느껴질 수 있다. 하지만 그럴 때일수록 자신만의 수첩에 꿈과 희망을 적어야 한다.

그래서 독하게 종잣돈을 모아야 한다. 『한국의 장사꾼들』에서 다루었던 인물들 중 무한리필 꽃게장으로 성공한 30대의 젊은 P씨는 월급이 98만 원이었던 20대 시절에 매월 90만 원을 꼬박꼬박 저축했다. '월급이 98만 원인데 어떻게 90만 원을 저축할 수 있었다는 거지?' 하고 반문하는 사람도 있을 것이다. 그러나 어려운 상황에서도 되는 사람은 단 한 가지라도 될 수밖에 없는 이유를 찾고, 실패하는 사람은 안 되는 이유를 찾으며 자신을 합리화시킨다. 어떤 태도의 사람이 성공할지는 굳이 말하지 않아도 될 듯하다.

외벌이 가정이라면 육아의 부담이 좀 있더라도 파트타임 등 추가수입을 올릴 방법을 찾아보자. 하루 몇 시간을 투자해 몇 만 원이라도 벌 수 있는 일거리를 찾아 서로 노력하다 보면 매월 10만~50만 원 이상의 추가수입을 마련할 수 있다.

재테크 상담을 하다 보면 부부가 합심해 아바타 창출을 위해 노력하고 있는 경우를 종종 보게 되는데, 현실은 고달파노 이던 부부가 경제녹립의 꿈을 이룰 확률이 높다. 실제로 6세 아이가 유치원에 있는 시간을 활용해 아파트 내 베이비시터로 활동하며 매월 30만 원씩 벌어 펀드에 장기투자했고, 투자 성과도 꽤 좋았던 젊은 아기 엄마가 있었다. "단돈 만 원이라도 내가 일해서 버는 기쁨을 느껴보지 않은 사람은 몰라요"라며 웃던 그녀가 지금도 기억난다.

아바타 창출을 너무 어렵게 생각하지 말자. 나와 상관없이 금수저를 물고 태어난 부자들의 전유물이란 생각도 지워버리자. 누구나 마음만 먹으면 나만의 아바타를 만들 수 있다.

경제독립 4단계: 경제독립 쟁취 (현재수입 〈 아바타 수입)

아바타가 벌어들이는 수입이 월급보다 많아지면 경제독립을 했다고 할 수 있다. 내가 어떤 이유로 회사를 그만둔다 하더라도 가정경제는 흔들림이 없이 우뚝 서 있을 것이다. 물론 그렇다고 아무 이유 없이 회사를 그만두라는 말은 아니다.

경우에 따라서는 월급의 반, 아니 3분의 1정도만 아바타가 벌어오더라도 경제독립이라고 할 수도 있다. 부양가족이 많아 지출이 항상 큰 가정도 있을 수 있고, 월급 자체가 많아 그 이상을 벌기 어려운 경우도 있을 수 있다.

어땠든 이제 여유를 찾았으니 꿈을 더 크게 꿀 때가 됐다. 더 큰 부자가 되길 희망할 수도 있고, 부자보다 더 의미 있는 내 꿈을 위해 노력할 수도 있다. 이때가 되면 중요한 게 창의적인 아이디어다.

인류의 진보에 큰 역할을 했던 위대한 인물들을 생각해보자. 우리가 한 시대의 위인이라 평가하는 사람들 역시 처음에는 한없이 작고 의기소침했으며 자신에게 일어날 일들을 두려워하는 사람들이었다. 그런 이들이 어떻게 한계를 극복하고 자신의 분야에서 1% 인재가 되었으며 결국 인류에 공헌을 하는 위인에까지 이른 것일까?

각자의 비결은 다르겠지만 그 비밀을 파헤쳐보면 한 가지

공통적인 결론에 도달한다. 그들은 자신만의 창의적인 생각, 즉 아이디어라는 강한 무기를 갖고 있었다. 돈도 인맥도 없는 빈손의 상황에서 성취를 이루고자 할 때 가장 중요한 것은 생각이다. 생각을 하고 단 한 가지라도 행동에 옮기며 꾸준히 정진하다 보면 꿈을 현실로 만들 수 있다는 것을 1% 성공한 사람들 모습에서 발견할 수 있다.

당신의 가슴이 원하고 꿈꾸는 것을 수첩에 그려보자. 마인드맵 형태로 몇 차례 반복해서 그리다 보면 자신이 꿈꾸는 것이 좀 더 구체적으로 나아올 것이나. '이게 정말 현실로 실현될까?'를 먼저 걱정하지 말고 자신이 진정으로 이루고 싶은 꿈을 상상하며 최대한 크게 그려보자. 그리고 이 꿈을 실현시키기 위해 내가 할 수 있는 아이디어들을 고민해보자. 마인드맵은 내 생각의 씨앗들을 뿌리는 '마음밭'이다. 놀라운 것은 아이디어라는 씨앗을 마음밭에 파종하면 싹이 트고, 새싹이 돋아 자란다는 것이다. 성공한 사람들은 모두 이런 방식으로 자신의 마음밭에 성공의 마인드맵을 그렸기 때문에 꿈을 현실로 만들었다.

인생은 단 한 번뿐이고, 삶의 매 순간은 소중하다. 세상에는 죽음과 같이 내가 어떻게 해볼 수 없는 일들이 많다. 하지만 분명한 것은 그 누구도 세상에서 가장 소중한 사람인 당신이 생각하는 것까지 막을 수는 없고, 당신이 결심하고 행하면 못 이룰 일이 없다는 사실이다. 많은 이들이 상상력의 크기를 제한하고 자신을 한계 속에 가두는데, 그것만큼 안타까운 일도 없다. 당신은 어떤 어려움에 처해도 스스로 극복하고 헤쳐나올 힘을 내면에 가지고 있으니, 수첩에 당신의 가슴이 시키는 일을 크게 그려보자. 세상을 변화시킨 위대한 일은 모두 생각, 단 하나의 아이디어에서 출발했다. 한두 줄이라도 좋으니 당신만의 아이디어를 마인드맵에 적고, 그것이 싹을 틔우고 줄기를 뻗어 당신의 꿈을 현실로 만드는 과정을 가슴 벅차게 느껴보자. 지금 적는 아이디어가 당신을 어떻게 변화시킬지, 당신의 꿈을 어느 정도 크기로 성장시킬지는 아무도 모른다.

부자들은 이미 부자가 되어 있음에도 돈 버는 아이디어를 항상 생각하고, 돈 버는 것에 관한 아이템이나 아이디어 혹은 정보를 자신만의 수첩에 적은 뒤 끊임없이 수정하고 발전시켜나간다. 10~15년 전 우리와 같았던 그들이 경제독립 부자의 꿈을 이룬 것은 이런 습관이 쌓여 조금씩 차이를 만들어왔기 때문이다.

경제독립 5단계: 부자의 성공습관 (장착/유지)

부자는 3대를 못 간다는 말이 있다. 맞는 말이다. 부자도 망한다. 때문에 부자의 성공 습관을 장착한 뒤 그것을 계속 유지해야 한다. 중요한 것은 현재의 습관을 성공자의 습관으로 바꿔 나가는 데 있다.

대표적인 성공 습관이 '약속시간 15분 전에 도착하기'다. 여러 사람들과 수없이 만나다 보니 발견한 재미있는 점인데, 큰 부자일수록 약속시간에 늦는 적이 없을 뿐 아니라 대부분은 약속시간 15분 전에 약속장소에 도착한다는 것이다. 중요한 비즈니스 미팅은 물론 사소한 약속에서도 부자들은 시간을 지키는 것을 매우 중요시한다. 왜 그럴까?

비즈니스에서 약속시간을 지키는 것은 매우 중요하다. 그것이 곧 사업의 성패를 좌우할 수도 있기 때문이다. 그렇기에 부자들은 약속시간 15분 전에 도착하기 위해 미리 준비하고 약속장소로 출발하는 습관이 몸에 배었고, 그러다 보면 약속시간을 어기는 법이 없고 상대의 신뢰 역시 점점 쌓이며 비즈니스의 성공으로 이어진다. 모 기업의 H회장은 젊은 시절 약속시간에 5분 늦어서 반년치의 매출을 날려버린 기억을 이야기해주며 '돈 안 쓰고 몸에 익힐 수 있는 가장 좋은 습관은 약속시간 15분 전에 도착하는 것'이라고 강조했다.

약속시간 15분 전에 도착하는 습관을 가지고 싶다면 30분 전에 도착한다는 목표를 세우고 책 한 권을 가방에 넣은 후 일찍 출발해보자. 약속장소에 도착했는데 시간이 많이 남는다면 기다리는 자투리 시간을 활용하여 책을 읽자. 마음가짐을 조금만 바꾸면 약속시간에 일찍 가는 것과 독서라는 두 가지 좋은 습관을 내 몸에 장착할 수 있다.

약속시간에 대한 습관, 돈을 1원 단위로 생각하는 습관, 하루에 한 번 이상 감사하는 습관, 사업 아이템을 발굴하고 적는 습관, 매일 한 페이지라도 독서하는 습관, 사소한 것이라도 기록하는 습관, 상대를 칭찬하는 습관 등 1% 성공자의 습관은 생각보다 많다. 수첩 내에 마련한 '부자의 성공습관 장착/유지' 부분에 현재 내가 가지고 있는 습관을 적어본 뒤 꼼꼼하게 점검하여 하나씩 1% 성공자의 습관으로 바꿔보자. 의식적인 노력을 기울이면 좋은 습관들이 자연스레 체화될 것이고, 그러다 보면 어느 날 자연스럽게 행복한 부자가 된 자신을 발견하게 될 것이다.

경제독립! 중요하다. 이를 위해 더 생각해봐야 할 내용들은 이 책 말미에 부록으로 정리했다.

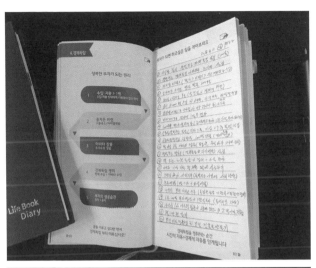

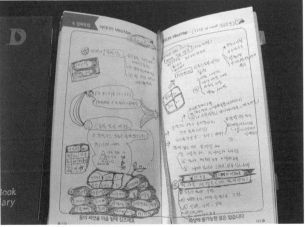

6.
인류에 공헌 – 일가 이루기

'인류에 공헌–일가 이루기'라는 말은 다소 거창하게 들릴 수도 있다. 하지만 사회적 동물인 인간에게 있어 이 부분은 성공적인 내 인생을 완성하는 마침표와도 같다. 자신의 꿈을 세우고 경제독립을 이루는 과정에서 큰 화두를 품고 장기적으로 진행해야 하는 부분이 바로 일가 이루기다.

당신은 어떤 분야에서 당신만의 일가를 이루고 싶은가? 모든 것을 내려놓고 인생이 단 한 번뿐이라고 생각할 때 내가 평생에 걸쳐 추구해야 할 가치는 무엇인가? 이에 대해서는 우리 모두가 진지하게 고민해보는 것이 필요하다.

성공 조건 중 가장 중요한 것은 자신감과 용기를 갖는 것이다. 나를 보잘것없는 존재로 보는 순간 나는 보잘것없는 사람이 된다. 겸손과 자신감은 다르다. 한 분야에서 일가를 이루고 싶다면 무엇보다 나를 소중하게 여기고, 세상에서 가장 소중한 자신을 진심으로 믿어야 한다. 나를 소중하게 생각하고 진심으로 나를 믿으며 내 인생을 관통할 삶의 의미를 찾다 보면 어떤 분야에서 일가를 이루어야 할지 목표가 생긴다.

일가를 이룬다는 것이 그렇게 거창한 것은 아니다. 비록 현재는 1%가 아니더라도 열정을 가지고 정진하며 1%를 향해 땀방울을 흘린다면 나는 나만의 분야에서 진정으로 일가를 이룬 사람이 될 수 있다. 장편소설 『토지』로 유명한 박경리 선생은 소설가로 일가를 이룬 분이지만 처음부터 그랬던 것은 아니다. 그는 20대에 일찍 남편과 사별하고 어린 딸을 키우며 수십 권의 책을 출간한 후에야 비로소 대작가의 반열에 올랐다. 박경리 선생은 자신의 꿈에 온전하게 집중하는 시간을 가지면서 정진할 때 자신의 분야에서 일가를 이룰 수 있다고 했다. 온전하게 집중하려면 먼저 일가를 이룰 큰 목표를 세워야 한다. 일단 자신이 원하는 분야를 정하고, 대목표를 이루기 위해 필요한 중목표 세 가지와 함께 세부 액션플랜도 적어보자.

대목표와 중목표를 적을 때 중요한 것은 지금 현재의 상황에서 달성 가능성에 대한 판단을 섣불리 내리지 말고 내 마음의 흐름을 따라가는 것이다. 당장은 불가능해 보이더라도 내 마음속에서 진심으로 바라는 목표를 적어보자. 일가를 이룰 목표는 중간에 바뀔 수도 있지만, 나만의 수첩에 인류에 공헌할 대목표와 중목표를 적는 것 자체만으로도 가슴이 뜨거워지는 것을 느낄 수 있다. 나의 꿈을 이룸은 물론 그를 통해 인류에 조금이라도 기여할 수 있다면 그 자체만으로도 가슴 벅찬 일이 된다.

구글을 창업한 세르게이 브린Sergey Brin과 래리 페이지Larry Page도 처음부터 큰 기업가를 꿈꾼 것은 아니었다. 대학생 시절 스탠퍼드 대학에서 만난 이들은 이미 세상에 무수한 검색엔진이 존재함에도 가장 효과적이고 빠른 검색엔진을 만들려고 노력했고 그 꿈에 집중함으로써 마침내 구글이라는 혁신적인 결과물이 탄생했다. 이들은 그 이후에도 또 다른 꿈들을 현실로 만들며 지금 전 세계인이 주로 사용하는 구글 검색엔진과 안드로이드 운용체제, 인공지능 등 수많은 첨단 과학기술 분야에서 인류의 생활을 한 단계 발전시키고 있다.

인류에 공헌한다는 것은 스티브 잡스나 세르게이 브린 등의 혁신적인 기업가들만 할 수 있는 일이 아니다. 큰 성공을 이룬 사람이나 세상에 기여를 한 사람들의 첫 출발점까지 거슬러 올라가보면 공통점을 발견할 수 있다. 그들 중 어느 누구도 처음부터 큰 성공을 예상하지는 않았지만 일단 자신의 분야에서 최고가 되겠다는 담대한 목표를 세우고 불굴의 의지로 정진했다는 점이 그것이다. 현재 중국집을 운영하고 있다면 가장 맛있는 자장면을 만들겠다는 자신만의 목표를 세우고 그 분야에서 세계 1위를 꿈꾸는 포부를 가질 수 있다. 사람들은 누구나 이렇게 자신의 분야에서 인류에 공헌하는 위대한 일을 할 수 있는 것이다. 평범하게 살면서 자신을 합리화하는 것도 나름 삶의 방식이 될 수 있겠지만, 어차피 한 번뿐인 인생을 보내며 자신의 분야에서 일가를 이루고 멋진 발자취를 남기는 데 집중한다면 그 과정 자체를 통해 삶에 대한 도전의식을 고취하고 위대한 하루하루를 보낼 수 있을 것이다.

인류에 공헌하는 위대한 성공자가 많이 나올 때 세상은 좀 더 살기 좋은 곳이 된다. 세상에 빚지지 않은 사람은 없다. 그 누구도 혼자 살지 못하고 모두 연결되어 있기 때문이다. 이런 세상에서는 먼저 자신을 돌보고 나를 바로 세운 뒤 내가 가장 하고 싶은 분야에서 1%가 되고, 그 성공을 내가 도움을 받은 사회에 다시 나누어 돌려주는 것이 우리가 추구해야 할 가장 값진 성공이다. 당신만의 멋진 수첩을 활용하여 일가를 이루고 인류에 공헌할 자신만의 꿈을 힘차게 추구해나갈 때 당신의 삶은 빛나기 시작할 것이고, 그때 비로소 당신은 가장 큰 행복과 희열을 느끼게 될 것이다.

마이 라이프 마인드맵

수첩이나 조금 큰 종이에 내 인생의 전체 그림을 그려보자. 제일 먼저 가운데에 나 자신을 원으로 표시하고, 세 가지 꿈을 정한 뒤 화살표 세 개로 그것을 표시한다. 세 가지 꿈의 원은 다시 제각각 세 개의 가지로 뻗어 나가게 그려보자.

다음 페이지의 그림은 내가 몇 년 전에 그렸던 마인드맵이다. 조금 엉성해보이더라도 이해해주길 바란다. 지금은 좀 낫다. 난 여기에 한 가지 목표, 세 가지 액션플랜, 5년 내 완성이라는 목표를 세웠다.

볼펜으로 그리기보다는 나중에 지우기 쉽게 연필로 그리는 편이, 또 처음부터 너무 완벽하게 잘 그리려 하기보다는 시간을 두고 조금씩 확장해나가는 편이 좋다. 꿈이 세 개가 아닐 수도 있다. 나 또한 처음에는 세 개였지만 지금은 다섯 개의 꿈을 가지고 있다. 다만 처음부터 많은 꿈을 그릴 필요

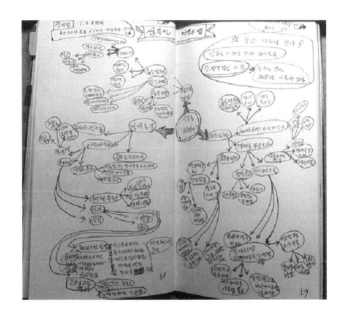

는 없다. 하나씩 구체화시키는 과정을 경험하기 위해서라도 처음에는 내 삶에 있어 중요한 목표를 세 개만 잡자. 그리고 그 세 개를 어떻게 현실로 이루어낼지 구체적인 액션플랜을 생각해보자.

　행복과 건강 부분도 빼먹지 말자. 삶의 큰 그림을 그리는 것도 중요하지만 이 일을 실행하는 나 자신에 대한 행복이 반드시 전제되어야 한다. 사람은 기계가 아니라서 꿈을 향해 도전하다 보면 힘들고 지칠 때가 더 많다. 이때 나를 회복시키고 다독거리며 재충전해줘야 하는 것도 결국 나 자신이다. 나 자신에게 솔직해야 하고 내 행복과 건강도 챙겨야 한다. 행복을 느끼게 하는 요소는 거창한 게 아니다. 소소한 즐거움과 힐링을 주는 것을 찾아서 적어보고 일정한 시간을 들여 반드시 재충전하자.

마인드 맵을 그려보면 지금 현실이 답답하고 어렵더라도 숨통이 트이고 여유가 생긴다. 조급함이 줄어들고 세상에 휩쓸리지 않으며 나만의 길을 걸을 수 있는 용기와 자신감이 생기기 때문이다.

시간을 두고 만족할 만한 정도까지 마이 라이프 마인드맵을 그리겠다는 생각으로 뼈대 잡기, 세부 밑그림 등을 서두르지 말고 그려보자. 그리고 수시로 마이 라이프 마인드맵 그림을 보며 내가 원하는 올바른 방향으로 가고 있는지 점검해보자. 처음에는 엉성해 보일지라도 때가 되면 마이 라이프 마인드맵이 완벽한 그림으로 탄생하고 자신이 그렸던 그 그림에 따라 인생이 찬란하게 변하는 느낌을 받는 순간이 온다. 그때의 짜릿함과 전율을 느껴보자. 상상력은 무엇이든 가능하게 만든다. 세상에 불가능은 없다. 당신이 자신을 믿고 할 수 있다고 믿는 순간 세상은 당신을 위해 움직이기 시작한다.

당신은 무엇이든 할 수 있는 위대한 존재이며 당신이 생각하는 것보다 훨씬 더 큰 사람이다. 당신이 상상하고 꿈꾸는 것은 무엇이든 이룰 수 있고, 큰 그림을 그리고 크게 상상할수록 멋진 꿈은 현실이 된다. 그 누구도 당신을 막을 수는 없다. 당신을 막는 것은 오직 당신 스스로 정해놓은 한계다. 자신의 한계를 무한대로 늘려보자.

7.
미래의 나

3년, 5년, 10년 뒤의 '미래의 나'를 한번 상상해서 적어보자. 어떻게 보면 이는 로드맵과 비슷할 수도 있지만, 이미 자신이 원하는 모습이 되었다고 상상하고 적는다는 것이 차이점이다. 하던 일을 잠시 멈추고 호흡을 가다듬은 뒤 자신이 원하는 미래의 모습을 마음껏 상상해보고 마치 현실로 실행된 것처럼 적어보자. 미래는 내가 상상하고 실행한 만큼 현실로 다가온다.

이렇게 미래의 내 모습을 미리 그려보면 10년 계획을 세우고 그 꿈을 현실로 만들어나갈 수 있다. 창업을 꿈꾼다면 어떤 분야에서 창업하고 지금부터 어떻게 준비해나가야 할지를 수첩에 적고 실행하게 된다. 단순히 꿈만 꾸는 것이 아니라 꿈을 현실로 만들어줄 구체적인 로드맵을 그리고 한 가지씩 실행하면 꿈은 빠르게 현실로 만들 수 있다.

예를 들어보자. 부자가 되는 가장 빠른 두 가지 길은 CEO 가 되거나 우량회사의 주주가 되는 것이다. 내가 만든 회사의 CEO가 되려면 평소에 사업 아이템을 발굴하고 확장 발전시켜나가야 한다. 이를 위해서는 머릿속으로 생각하는 훈련을 통해 내가 사업하고자 하는 분야를 수십 번 설계해보고, 그에 관한 구상을 수첩에 스케치하고 세밀한 덧그림을 그리며 차츰 완성도를 높여나가야 한다. 그 사업을 할 때 발생할 수 있는 문제점들을 모두 적어보고 해결책도 자세히 적어둔다면 실제로 창업했을 때의 실패 확률을 많이 줄일 수 있다.

10년 뒤 행복한 부자를 꿈꾼다면 지금 빠듯한 월급이지만 매월 계획을 세워 월급의 15~25%에 해당하는 자금을 우량주식에 투자하며 꾸준히 매입하는 전략을 세워보자. 나는 실제로 이 방법을 통해 부자가 된 이들을 가끔 만나본 적이 있다. 이들은 좋은 주식을 발굴하기 위해 평소 경제신문을 꾸준히 읽고 관심 기업에 대한 자료를 찾는가 하면 실제로 해당 기업을 방문하기까지 했다. 그래야만 실패 확률을 줄이고 우량한 회사의 주주가 될 수 있기 때문이다. 물론 주식을 직접 매입하거나, 장기적으로 양호한 성과를 내면서 투자 철학을 가진 펀드 상품을 잘 선별해서 그것에 장기적으로 투자하는 것도 방법이다.

중요한 것은 CEO로 창업을 하거나 우량회사의 주주가 되는 것은 모두 그것을 위해 일정 시간을 투자하고 나의 실력을 꾸준하게 키울 때 가능하다는 사실이다. 내게 주어진 시간은 제한되어 있고, 그 제한된 시간을 가장 효과적으로 사용할 때 탁월한 성과를 낼 수 있다.

서두르지 말고 지금부터 10년 뒤의 내 모습을 크게 그려보자. 세부적인 스케치를 조금씩 덧붙이며 한 가지씩 디테일한 그림을 완성해나가면 10년 뒤 미래의 나는 충만한 기쁨과 행복을 누리게 될 것이다.

나의 마음가짐과 좋은 글들

하루에도 수천 번 왔다갔다하는 것이 사람의 마음이다. 지금 이 순간에도 머릿속에는 수백 가지 생각이 스쳐 지나간다. 소중한 나를 올바른 방향으로 마음을 유지하며 앞으로 나가기란 결코 쉽지 않다. 사람은 주위 환경에 쉽게 휩쓸리는 나약한 존재다. 어지러운 주변 환경 속에서 나를 지킬 수 있는 가장 효과적인 도구는 무엇일까?

바로 '나의 마음가짐'을 적어놓는 것이다. 예를 들어 '나는 나를 믿는다. 또는 나는 어떤 경우에도 평상심을 유지한다' 등을 수첩에 적어놓으면 큰 도움이 된다. 자신의 마음을 다스릴 수 있는 좋은 글귀를 만나거나 스스로 좋은 말이 생각났을 때 한 줄씩 적어보자.

긍정적인 마인드는 일상의 사소한 어려움부터 큰 위기까지 나 자신에게 닥친 어려움을 극복하는 데 큰 도움이 된다. 주위의 영향으로 중심을 잡지 못하고 표류하는 내 마음의 평정심을 유지하게 해주기 때문이다. 좋은 글을 적고 수시로 읽으면서 긍정 마인드를 고취하면 바닥으로 떨어졌던 저하된 사기는 어느덧 재충전이 되고 힘찬 용기를 얻게 된다.

감사일기

감사일기는 단 한 줄이라도 하루를 보내며 감사할 일을 찾아보고 나 자신을 돌아보는 데 의미가 있다. 감사하는 마음은 매우 중요하다. 실제로 내가 성공하는 것, 나의 꿈을 현실로 만드는 것은 나의 노력 외에 주변의 도움이 없다면 불가능한 경우가 대부분이다. 객관적인 시선으로 주변을 살펴

보면 감사할 일이 무척 많다는 사실에 깜짝 놀라게 된다.

간단한 예를 들어보자. 이 책을 읽고 있는 소중한 당신은 현재 살아 있고, 지금 이 순간을 자각할 수 있다. 얼마나 놀라운 사실인가? 오늘 당신이 배고픔을 해결한 한 끼 식사는 수많은 농부의 땀방울과 정성이 모였기에 가능한 것이었다. 내가 생각하고 세상을 살아갈 수 있음은 부모님 덕분이고 나의 하루하루는 수많은 사람의 도움이 있었기에 존재한다. 사람은 서로 도움을 주고받는 존재고, 그 누구도 절대로 혼자서는 살 수 없다. 이 점에만 주목해도 세상에는 감사해야 할 일은 너무도 많아진다.

아침에 눈을 뜨면 또 하루가 내게 새롭게 주어졌다는 사실만으로도 감사하며 기뻐할 일이다. 오늘 하루는 내가 어떤 마음을 먹고 실행하느냐에 따라 달라지며 나는 스스로 내게 주어진 시간을 주도적으로 창조할 수 있다. 하루를 보내다 보면 직장에서 상사에게 질책을 당하거나 거래처와의 비즈니스가 실패하는 등의 일 때문에 부정적인 느낌에 사로잡히는 날도 있다. 하지만 부정적인 일과 생각에 초점을 맞추면 계속 부정적인 일이 생겨난다. 때문에 긍정적인 데 초점을 맞춰야 하는데, 아주 작은 것이라도 긍정적인 일을 발견해내려면 나 자신이 긍정적인 마음을 갖춰야 한다. '감사

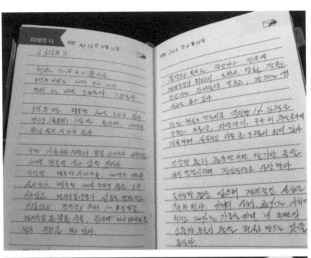

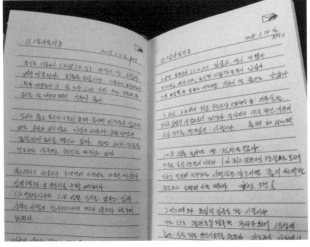

하는 마음'은 바로 이렇게 긍정적인 마인드를 유지하는 데 탁월한 효과를 발휘하고, 그 감사하는 마음을 되새기기에 좋은 방법이 '감사일기'다.

감사일기를 적으며 부정적인 부분보다 긍정적인 부분에 초점을 맞추고 나의 일상이나 꿈을 현실로 만들어나가는 순간순간들의 느낌을 적어보자. 감사일기를 적는 순간 나는 온전히 나 자신에게 집중할 수 있고, 잠시 흔들렸던 마음은 차분하게 정리되며 중심을 찾게 된다. 힘들고 어려울 때는 내가 적은 감사일기를 읽어 보는 것만으로도 마음의 위안을 얻을 수 있다. 감사일기는 멋진 내 인생의 치열한 기록들이기에 나의 작은 역사와도 같다.

감사일기를 매일 적으면 좋겠지만 한 달에 한두 번만 적어도 좋다. 감사일기를 적어야겠다는 생각이 드는 순간 한 줄이든 열 줄이든 적어보자. 한 달에 한두 장이라도 나만의 감사일기를 적으면 1년간 20장 가까운 나만의 실록이 만들어진다. 나만의 작은 역사의 기록. 멋지지 않은가?

물론 처음에는 좀 닭살스러울 수도 있다. 하지만 뭐 어떤가? 나만 보는 수첩일 뿐인데.

부록

1. 슈퍼리치? 슈퍼리치!

　월요일 아침이면 '월요병'을 겪는 직장인이 생각보다 많다. 마지못해 출근하는 생계형 샐러리맨들이 많다는 이야기다. 그들은 한 달에 한 번 돌아오는 월급날을 기다리며 싫은 일을 억지로 하는 경우가 대부분이다. 그러다 40~50대가 되면 원치 않는 명예퇴직을 당하거나 회사를 그만둘 수밖에 없는 상황에 내몰린다. 더 이상 생계 때문에 출근하지 않아도 된다면 얼마나 좋을까?

　그래서 우리는 누구나 막연하게 부자가 되고 싶은 바람을 가지고 있다. 부자가 되고 싶은 이유는 경제적 자유와 시간적 자유를 쟁취하고 싶기 때문이다.

그토록 바라는 부자가 되는 데는 여러 가지 길이 있지만, 부모를 잘 만난 금수저 출신이나 소위 '사'자가 붙은 전문직 억대 연봉자를 제외하고 일반 샐러리맨이 부자가 되는 길은 매우 어렵다. 부자가 되려면 종잣돈 마련이 제일 중요한 첫 단계인데 흙수저와 금수저는 출발부터 다를 수밖에 없다. 빠듯한 월급으로는 종잣돈을 모으는 시간도 길어지고, 종잣돈을 모은다고 해도 나를 대신해서 추가 수입을 올려줄 돈 버는 아바타를 창출하기도 쉽지 않다. 부자들은 부자가 되는 가장 빠른 방법이 '라면 장사라도 내 가게, 내 회사를 창업하는 것'이라고 말하지만 샐러리맨에게 창업은 결코 쉬운 일이 아니다. 열개의 신규 사업이 창업되면 1~2개도 생존하기 어려운 것이 우리 주변에서 자주 볼 수 있는 풍경이다.

부자가 되는 것도 어렵지만 부자로 사는 것도 쉽지만은 않다. 천신만고 끝에 부를 창출하는 데 성공했다 하더라도 어렵게 모은 부로 기껏해야 내 가족만 챙기는 경우가 많고 성공을 유지하기도 어렵다. 때로는 올바르지 않은 방법으로 부를 축적하여 지탄의 대상이 되기도 한다. 부자에게서 돈을 걷어냈을 때 남는, 인격이나 인품만으로 존경받는 사람을 만나기란 손에 꼽을 정도다. 사정이 이렇다 보니 부자, 특히 슈퍼리치는 존경과 부러움의 대상이 되기보다 시기와 의

심을 받기 쉽고 물과 기름같이 사회와 어울리지 못하는 경우도 있다.

내가 바라는 슈퍼리치가 고작 이런 모습이라면 일찌감치 슈퍼리치가 되는 꿈은 버리자. 진정한 슈퍼리치는 통장의 잔고가 얼마나 많이 있느냐 등과 같은 사회의 일반적 기준으로 재단된 슈퍼리치가 아니다. 은행원으로 일하면서 대한민국의 수많은 1% 부자들의 자산관리를 하다 보니 솔직히 인간적으로 실망스러울 때가 많았다. 경제적 자유를 쟁취한 부자가 된 것은 존경할 만한 일이나, 하시만 부사 중에 스스로 행복하지 않다고 고백하는 사람도 많았다. 그럼에도 진정한 슈퍼리치의 품격을 갖춘 부자들은 달랐다.

슈퍼리치가 되기 위해서는 슈퍼리치가 무엇인지부터 확실히 하고 가야 한다. 슈퍼리치라고 하면 엄청나게 부유한 사람, 부자 중에 부자를 떠올리게 된다. 하지만 내가 생각하는 슈퍼리치의 의미는 다르다.

슈퍼리치가 되기 위한 첫걸음, 인생의 사명을 찾아라

진정한 슈퍼리치는 '맨손으로 시작해 올바른 노력으로 자신의 분야에서 1% TOP 인재가 된 사람'이다.

흙수저 출신에서 부자가 된 사람들은 한결같은 공통점을 가지고 있다. 바로 자신의 분야에서 최고가 된 사람, 즉 1% 인재가 된 사람이라는 것이 그것이다.

사람은 저마다 특성이 다르고 추구하는 꿈도 각양각색이다. 세상에 수만 가지 업종과 분야가 있지만 그중에서 자신이 일생을 걸고 추구해야 할 가치를 발견한 사람은 진정으로 행복한 사람이다. 당신을 포함해 주변 사람을 한번 둘러보자. 과연 지금 자신이 하는 일에 진정으로 만족하며 살고 있는 사람이 있는가? 하루아침에 자신의 꿈, 즉 평생 사명을 발견하기는 어렵다. 현재 자신이 하고 있는 일이 마음에 들지 않는다고 해서 당장 직장을 그만두기도 쉽지 않다. 어떻게 해야 할까?

슈퍼리치 중에는 자신이 하던 일에서 우연하게 자신의 숨겨진 재능을 발견하여 사업을 시작한 사람도 있었고, 현재 자신의 일에서 최고의 열정을 쏟아부어 1인자가 된 사람도 있다. 어떤 경우든 현재의 일을 열심히 수행하고 지금의 일을 도약의 발판으로 삼아 자신의 평생 사명을 발굴하는 일이 매우 중요하다.

스스로를 잘 관찰하면서 자신이 진정으로 바라고 이루고 싶은 일생의 사명을 기필코 발견하겠다는 의지가 중요하다.

일생의 사명을 발견하는 것은 끊임없이 당신만의 수첩에 메모하고 아이디어를 기록하면서 다듬어 지는 과정을 통해 큰 도움을 받을 수 있다. 머리가 아무리 좋은 사람일지라도 순간적으로 떠오른 좋은 아이디어나 영감을 오래 간직할 수는 없다. 처음에 세운 뜻을 지속적으로 유지해 나가기도 쉽지 않다. 사람은 주변 환경에 휩쓸려 동조하기 쉬운 나약한 존재다. 흔들림 없이 나가기 위해서는 자신의 마음을 다 잡아 줄 인생 나침반이 필요한데 든든한 인생 나침반 역할을 하는 깃이 바로 당신만의 작은 수첩이나. 수첩에 메모하는 습관이 당신의 인생을 올바른 방향으로 이끌어준다.

하루에도 수천 번 바뀌는 내 생각과 나를 유혹하는 주변 환경으로부터 갈대처럼 흔들리지 않고, 단 한 번뿐인 인생의 위대한 사명을 발견하는 가장 효과적인 방법은 작은 수첩에 여러 가지 아이디어를 적고 숙성 발전시켜 나가는 방법이다.

현실이 아무리 보잘것없더라도 큰 꿈을 추구할 때 사람은 위대한 존재가 되며 큰 일을 이룰 수 있다. 겸손한 것은 좋지만 스스로 자신의 능력을 애써 깎아내릴 필요는 없다. 지금 이 순간, 용기가 필요한 시점이다. 우리라고 위대한 위인이 못 되라는 법은 어디에도 없다. 당신은 세상에서 가장 위대한 존재이며 꿈꾸는 것은 무엇이든 이룰 수 있다. 세상에서 가장 소중한 자신을 믿어라.

슈퍼리치의 정의

화가가 스케치 없이 영감만으로 그림을 완성하는 경우는 드물다. 고흐, 피카소 같은 대가들 역시 번뜩이는 영감을 캔버스에 스케치로 수백 번 그렸고, 수없이 지우고 고치고 연습하면서 스케치가 완성됐을 때 채색에 들어갔다. 그렇게 지독한 노력의 결과로 필생의 명화가 탄생하고 몇 백 년이 흘러도 감동을 주는 불후의 명작이 되는 것이다.

우리가 추구하는 진정한 슈퍼리치도 화가가 그림을 그리는 과정과 비슷하다. 화가가 캔버스를 사용한다면 우리는 자신만의 수첩에 수백 번의 스케치, 밑그림을 그린다는 점이 다를 것이다. 수많은 시행착오를 반복하며, 중간에 수 없이 바뀌는 꿈의 과정을 잘 관찰하며 기록하다 보면 정말 마음속으로 바라는 꿈을 발견하게 된다. 실제로 1% 성공자들, 닮고 싶은 진정한 슈퍼리치들은 모두 자신만의 수첩에 꿈을 그리고 수정하길 반복하며 자신이 진정으로 추구하는 분야에서 1%가 되기 위해 땀과 눈물을 흘리며 끊임없이 스스로를 담금질한 사람들이다.

현실적으로 지금 나 자신은 어떻게 '진정한 슈퍼리치'가 되는 길을 걸어갈 수 있을까? 그렇게 되려면 어떻게 해야 하나? 진지한 고민이 필요한 시점이다. 진정한 슈퍼리치가 되고자 하는 당신이 꼭 유념해야 할 세 가지가 있다.

※ 진정한 슈퍼리치가 되고자 하는 사람이 유념해야 할 세가지
1. 자신의 꿈을 발견하기 위한 노력을 멈추지 않는다.
2. 경제목립 생취를 위해 지금부터 난 한 가지라도 실행한다.
3. 인류 공헌을 위한 나눔과 봉사는 평소에 꾸준하게 실천한다.

자신의 인생을 사랑하는 사람은 그것이 그냥 흘러가도록 결코 방치하지 않는다. 자신의 수첩에 무언가 끊임없이 적고 단 한 가지라도 실행하려 노력한다. 그렇게 지속된 노력을 통해 자신의 사명을 발견할 수 있기 때문이다. 머릿속에 떠돌아다니는 수많은 꿈들은 가장 중요한 꿈으로 더욱 선명해지고 꿈을 현실로 만들기 위해 해야 할 명확한 실행계획을 수립할 수 있게 된다. 수첩에 적은 꿈을 포기하지 않고 지속적으로 추구하다 보면 가장 중요한 사명, 즉 꿈에 집중하게 되고 마침내 그 꿈은 이루어지게 된다.

2. 경제독립을 위해 더 생각해봐야 할 것들

　돈을 소중하게 다루고 절약하지 않으면 소득이 많더라도 잠깐 내 지갑을 스치고 지나갈 뿐이다.

　안타깝게도 너무나 많은 사람들이 죽는 순간까지 경제독립의 꿈을 이루지 못하고 일생을 마감한다. 경제독립이란 지금 받는 연봉 이상을, 더 이상 일을 하지 않더라도 평생 받을 수 있는 부의 시스템을 스스로 구축하는 순간 이루어진다. 경제독립의 꿈은 수없이 강조해도 지나치지 않다. 자본주의 사회에서 돈이 없어 발생하는 비극은 굳이 예를 들지 않더라도 우리 주변에서 자주 목격할 정도로 차고 넘친다.

　그렇다면 이 부의 시스템을 어떻게 구축할 수 있을까?

　경제독립이란 어느 날 결심했다고 쉽게 달성할 수 있는

목표가 아니다. 평소에 의식적으로 경제독립을 위한 방법을 기록하고 실행을 꼼꼼하게 체크하며 꾸준하게 노력하지 않으면 경제독립을 이루기란 불가능에 가깝다. 의식적으로 노력하지 않는다면 대부분 사람들은 부자가 되기 위한 종잣돈 마련 자체에 실패할 수밖에 없다. 평생 수입보다 지출이 많은 마이너스 상태에서 대출이자를 갚다가 생을 마감하기도 한다. 통장 잔액이 1억 원은 고사하고 100만 원도 안 되는 경우가 허다하다.

중요한 것은 현재 나의 재무상태를 정확하게 직시하는 것이다. 나 자신에게 솔직해져야 한다. 현재 내 수입이 100만 원 내외라면 일단 현실을 받아들이자. 지금부터 노력하는 결과에 따라 미래의 내 모습은 얼마든지 달라질 수 있다. 너무 서두르지 말고 1차적으로 현재의 나를 정확하게 진단하는 것에서 출발하자.

직업을 금방 바꾸기도, 수입을 당장 늘리기도 어렵다면 냉정하게 현실을 직시하고 지출을 줄이는 수밖에 없다. 지출을 최대한 줄이고 매월 2~3만 원이라도 주식, ETF 등 미래를 위한 아바타 창출에 투자해야 한다.

아무리 어려운 사람이라도 몸만 건강하다면 막노동을 해

서라도 한 달에 몇 십만원 월급 외 추가 수입을 올릴 수 있다. 실제 슈퍼리치 중에는 사업 실패로 전 재산을 다 잃고 막노동으로 300만 원을 모아 주식부자가 된 사람도 있다. 그깟 매월 몇 만원 투자로 어떻게 부자가 될 수 있냐고 코웃음을 친다면 아직도 당신은 99% 사람 중에 속해 있는 것이다. 1% 진정한 슈퍼리치가 될 사람은 월급이 아무리 적더라도 어떻게든 한 달에 몇 만원의 돈을 기꺼이 주식 등에 투자 한다.

경제독립을 쟁취한 행복한 부자가 되는 가장 빠른 길은 창업을 하거나 우량한 주식을 보유한 주주가 되는 길, 두 가지인데 현실적으로 창업은 자신의 적성과 사업 아이템을 시스템으로 구축하기까지 숙련의 시간이 필요하다. 그러니 매월 몇 만 원이라도 꾸준하게 투자하는 습관을 갖자.

경제독립을 1% 전문가가 되는 것과 병행하기 어렵다는 핑계를 댈 수도 있다. 하지만 경제독립을 이루는 부자시스템을 구축하는 것은 부자습관이다. 부자습관은 조금만 노력하면 누구나 만들 수 있다.

종잣돈 마련, 꾸준한 투자, 경제공부, 이 세 가지는 항상 수첩의 앞부분에 반복해서 메모해두고 평상시 꾸준하게 노력해야 한다. 경제공부가 생각처럼 거창한 것은 아니다. 매일 모바일로 일방적으로 뿌려지는 인스턴트식 뉴스가 아닌,

네댓 종의 종이신문을 꾸준하게 매일 아침 읽는 것은 손쉽게 할 수 있는 가장 빠른 경제공부법이다.

'진정한 슈퍼리치'가 되는 길을 제대로 생각하지 않으면 자기 자신밖에 모르는 세속적인 부자가 되기 싶고, 단순하게 부자가 되는 목표에만 치우치기 쉽다. 스스로 자신의 수첩에 자기가 되고자 하는 진정한 슈퍼리치의 모습을 정의하고 그렇게 될 수 있다고 자신을 믿으며, 서두르지 말고 올바른 방향으로 한 가지씩 실행해나가면 누구나 명품 인생을 만들 수 있다.

성공한 슈퍼리치들이 수첩을 이용한 메모를 모두 다 하는 것은 아니지만 메모를 잘하는 사람 중에 성공한 슈퍼리치를 발견하는 것은 쉬운 일이었다. 의지가 남다른 1% 성공자들조차 나약해지려는 의지와 희미한 기억을 메모에 의지하며 발전시켜나가는데, 성공하고 싶은 막연한 바람만 가지고 자기 인생에 대한 스케치 한 장 그리지 않는다면 성공할 확률은 떨어진다.

자신만의 수첩을 활용해서 메모하며 진정한 슈퍼리치의 성공습관을 조금씩 따라하다 보면 인생의 사명을 발견할 가능성도 높아지고, 경제독립 쟁취의 꿈에도 한 발짝 더 가까이 다가설 수 있다. 바쁘다는 이유로 미뤄온 나눔과 봉사 역시 지속적으로 실행하게 되어 삶을 살아가는 재미와 기쁨을 누릴 수 있다.

그럼 지금부터 경제독립을 위해 더 생각해야 할 것들을 정리해보자.

나의 사업 아이템과 돈 버는 아이디어

먼저 돈 되는 아이디어나 떠오르는 사업 아이디어를 '나의 사업 아이템'이라 이름 붙인 페이지에 적어보자. 단 한 줄이라도 좋다. 부자들은 항상 모임이나 일상에서 돈 버는 아이템이나 사업 아이디어를 얻기 위해 안테나를 켜고 촉각을 곤두세운다.

유의할 것은 어떤 아이디어라도 좋으니 떠오르는 순간 즉시 적어야 한다는 것이다. 아이디어는 휘발성이 강해 금방 사라진다. 이를 잡으려면 단 한 줄이라도 좋으니 일단 수첩에 적어두어야 한다. 적은 뒤 잠시 잊어버린다 해도 상관없다. 며칠 지나 자신이 적어둔 아이디어를 보면 좀 더 뚜렷한 모습으로 그것이 구체화되니, 열 개의 아이디어를 적고 그중 한두 개를 실질적인 아이템으로 정해서 발전시켜나가면 된다. 아이템과 아이디어는 하나의 씨앗이다. 좋은 씨앗은 수첩에 적는 순간 자신의 마음밭에 심기고, 당신이 의식하지 않아도 혼자 싹을 틔우고 자라난다.

지식UP 프로젝트

1% 성공자, 경제독립을 실현한 행복한 부자가 되기 위해 어떻게 해야 할지 매 순간 치열하게 고민해야 한다.

가장 손쉬운 방법 중 하나는 단 한 권의 책이라도 매달 목표를 정해서 꾸준하게 읽는 것이다. 앞서 나는 '지출을 줄이려면 가급적 신용카드가 아닌 현금을 사용하라'고 이야기한 바 있다. 하지만 신용카드를 사용해도 되는 딱 한 가지 예외의 경우가 있다면 바로 책을 사는 것이다. 도서 구입만큼은 대출을 내서라도 1년에 최소 열두 권, 1% 인재가 되기 위해서는 100권 이상을 반드시 읽을 것을 권한다. 세상은 빠르게 변하고 있다. 큰 이슈가 되었던 이세돌과 알파고의 세기의 바둑 대결을 통해 AI인공지능의 발달 단면을 보았듯이 앞으로 다가올 미래 사회는 우리가 생각하는 것보다 훨씬 더 빠르게 발전할 것이기에 노력하지 않으면 도태될 수밖에 없다. 그런 사회가 오더라도 흔들림 없이 현재보다 더 나은 삶을 영위하고 싶다면 목숨 걸고 책을 읽어야 한다.

아무리 보잘것없는 책이라도 그것은 한 분야에 정통한 저자가 혼신의 힘을 기울여 저술한 결과물이니 결코 가벼이 여겨서는 안 된다. 책 속의 단 한 줄에서라도 현재 내가 하는 일이나 앞으로 하고 싶은 일과 관련된 인사이트를 얻을 수 있다면 그 자체만으로 책값은 뽑고도 남는다.

1년에 열 권도 읽지 않는다면 나의 미래는 어떻게 될까? 나 자신은 그렇다 치더라도, 1년에 한두 권의 책조차 읽지 않는 부모를 보며 그대로 따라 하는 내 아이의 미래는 어떻게 될까? 한 번쯤 진지한 고민이 필요하다.

음식점 창업을 꿈꾼다면 다양한 음식창업 분야의 책을 선택하고, 스타트업을 준비한다면 창업에 필요한 행정절차나 스타트업으로 성공한 사람의 책을 읽으며 동기를 부여받고 실력을 갖춰라. 내가 운영하고 있는 '꿈발전소'에서 진행했던 '1% 명사 특강' 당시, 휴넷의 조영탁 대표는 '자신의 관심 분야에 있는 책을 최소 50권 이상 읽으면 그 분야와 관련하여 강의할 수준에 이르고, 이렇게 실력을 갖춘 상태에서 창업을 한다면 성공 확률을 더 높일 수 있다'고 강조한 바 있다.

가능하다면 기꺼이 시간을 내어 저자를 만나 직접 배우는 것도 좋다. 조금만 노력하면 저자 강연회에 참석할 수도 있고 자연스럽게 저자와 명함을 주고받은 뒤 커피 한 잔 마실 시간도 가질 수 있다. 조금만 노력하면 큰 도움을 받을 수 있는 기회가 있는데 안타깝게도 이를 놓치고 있는 사람들이 많다.

그동안 자산관리를 하면서 부자와 기업가의 서재를 볼 기회가 많았다. 그들의 서재에 있는 책들은 절대 장식품이 아니었고, 그들은 바쁜 와중에도 틈만 나면 책을 읽는 습관을 가지고 있었다.

책을 읽는 방법에 정답은 없겠지만, 처음부터 끝까지 다 읽어야 한다는 스트레스는 받지 않았으면 좋겠다. 순서대로 읽을 필요도 없다. 대신 프롤로그나 에필로그는 꼭 읽자. 그 책을 쓴 저자의 의도와 소회가 들어 있는 이 부분들을 살펴보면 내용에 대한 힌트도 얻고, 강조하고 있는 것은 물론 무엇을 염두에 두고 읽어야 하는지도 파악할 수 있다.

목차부터 보고 관심이 가는 부분부터 봐도 좋겠다. 단, 책 맨 앞 페이지에 그 책을 읽기 시작한 날짜를 적어놓으면 마감시간을 압박하는 무언의 동기부여 방법이 된다. 책을 읽다 좋은 글귀를 만나거나 자신만의 아이디어가 떠오르면 책 여백에 바로 적고, 수첩에도 옮겨 적어주길 바란다.

좋은 책들은 그다음으로 읽어볼 책에 대한 힌트를 준다.

저자가 인용하거나 추천한 책들을 따라 읽다 보면 자신이 관심 있는 분야에 대해 최소한 준전문가가 될 수 있다.

개인적으로는 전차책보다 종이책을 좋아한다. 촉감을 느끼고, 중요한 부분에 밑줄을 긋고, 아이디어를 적으며 적극적으로 독서하는 것이 창조적인 아이디어를 떠올리고 발전시키는 데 훨씬 더 효과적이기 때문이다.

책을 다 읽었다면 독서 후기도 한두 줄씩 적어보자. 단 한 줄이라도 적는 게 중요하다. 조금씩 적다 보면 내가 몇 권의 책을 읽었는지, 어떤 책을 읽었는지, 앞으로 어떤 책을 읽을 것인지 등이 보인다.

조금 강제로라도 책을 읽고 싶다면 독서클럽 등을 활용하는 것도 좋다. '꿈발전소'에서도 '경제독립 아카데미'를 통해 비슷한 활동을 하고 있다.

큰 부자의 자산관리 비법: 자산배분 〉 종목선택

1,000억 원대 부자들과 100억 원대 부자들의 차이점이 있다. 100억 원대 부자들은 돈을 더 벌고 싶어 주식이나 펀드의 비중을 높여 공격적으로 투자하지만, 1,000억 원대 부자들일수록 자기 자산의 균형을 철저히 맞추어 운영한다는

것이다. 예를 들어 금융자산이 100이라면 그중 30은 주식이나 펀드 등의 투자자산, 30은 보험 등의 절세상품, 나머지 40은 채권과 단기유동성자산으로 나누어 운영하는 식이다. 이를 위해서는 우선 자신의 투자성향을 파악하고 그에 따라 자산을 배분하는 과정이 있어야 한다.

자산을 배분한 뒤에도 리스크 관리가 철저해야 함은 물론이다. 가령 100의 자산 중 주식과 펀드 등의 투자자산 비중을 30으로 정해서 운영하고 있는데 시장이 상승하여 50의 가치에 이른다면 20의 이익분을 처분하고 처음 정한 비중인 30으로 맞추는 식이다. 큰 부자일수록 이렇게 철저한 자산 균형을 통해 리스크를 관리하고 자산을 안전하게 지키며 불려나간다.

만약 내게 3,000만 원의 종잣돈이 있는데 이를 모두 주식이나 펀드에 투자하는 것은 매우 위험한 일이다. 최소한 1,000만 원은 정기예금이나 채권에 넣고, 1,000만 원은 ELS 주가연계증권에, 그리고 1,000만 원은 주식이나 펀드에 넣는 등 자신의 성향, 투자상품의 리스크 등을 종합적으로 고려해서 투자해야 한다.

그러다 어느 정도 시간이 지나면 각각의 투자금이 얼마가 되었는지 파악하고 처음과 같은 비율로 정리해야 한다. 다시

한 번 말하지만, 종목의 선택보다 자산의 배분이 중요하다!

어느 정도 종잣돈이 모이고 이를 활용할 단계가 오면 대출에 대해서도 고민해야 한다. 사실 부자들이 가장 싫어하는 것이 부채와 세금이다. 이 때문에 그들은 어지간하면 빚을 내려고 하지 않지만, 좋은 투자 기회라는 확신이 들면 대출도 적극 활용한다. 물론 이자가 저렴한 담보대출만을 받는다.

자산을 관리하듯 대출도 관리해야 한다. 대출을 활용한 투자이익보다 대출이자가 높아 종잣돈에 영향을 미치는 상황이라면 무조건 대출을 갚아야 한다. 막연한 시세차익에 연연해서는 안된다.

이 모든 내용을 수첩에 시시콜콜 기록해야 함은 물론이다. 땅을 사겠다면 어떤 땅을 보고 왔는지 다 적어야 한다. 건물을 지을 때도 설계부터 시공까지 각 단계별로 해야 할 일들을 꼼꼼히 기록하고 실행에 옮겨야 한다. 너무 당연한 이야기로 들릴 수도 있다. 하지만 대부분의 투자자가 그렇지 않다는 것을 기억하자.

'행복한 은퇴 설계도'도 빼먹지 말자

은퇴 이후의 삶이 행복하려면 은퇴 관련 내용들을 미리 설계해놔야 한다. 머릿속에만 넣지 말고 당연히 수첩에 적어야 한다.

먼저 은퇴 시점을 적어보자. 개인적으로 편차가 있겠지만 현재 직장에서의 은퇴 시점은 대부분 55세 이내로 점점 빨라질 것이다. 갈수록 어려워지는 경제사정과 기업의 구조조정에 따라 원치 않는 명예퇴직시점 역시 점점 당겨지고 있다.

은퇴시점을 정했다면 지금 현재 자산이 0원이라도 상관없으니 내가 희망하는 은퇴시점의 자산을 적어보자. 1억 원, 2억 원, 3억 원 등 개인에 따라 다를 텐데, 조금 버겁더라도 자신이 희망하는 은퇴자금의 두 배 정도 되는 금액을 적어보자. 예를 들어 55세 은퇴 후 30년간을 은퇴 후 기간으로 보고 매월 최소 100만 원이 필요하다면 단순 계산하여 360개월분에 해당하는 3억 6,000만 원이 필요할 것이라 예상되는데, 목표만큼은 그의 두 배에 해당하는 7억 2,000만 원으로 정하고 그것을 준비하는 계획을 세워보자. 현재 거주하는 부동산을 재원으로 할 수도 있겠지만, 기왕이면 나 대신 일해줄 '아바타'를 만들어보자.

나의 행복한 은퇴 설계도

은퇴시점	
은퇴시점 자산	
은퇴 후 직업	
은퇴 후 생활비	
은퇴계획	
액션플랜	

물가상승률이나 투자수익률은 일단 고려하지 말자. 산술적으로 계산하기 시작하면 갑갑해지기 쉽다.

은퇴시점 자산을 적었다면 은퇴 후 가질 제2의 직업을 적어보자. 현재 내가 하고 있는 일과 연관된 것도 좋고 평소 하고 싶던 일을 적어도 좋다.

여기까지 적었다면 일단 절반은 성공한 것이다. 대다수 사람들은 구체적인 은퇴 계획조차 세우지 않기 때문에 실패한다. 혹시나 본인만의 특이사항이나 지켰으면 하는 것, 좌우 낭 등이 있나면 그것들노 적어보사.

은퇴자산, 은퇴 후 매월 생활비, 은퇴 후 제2의 직업을 갖기 위해 지금부터 준비해야 할 액션플랜을 짜야 한다. 제2의 직업을 정했다면 주말이나 퇴근 후 자투리 시간을 활용하여 지금부터 한 가지씩 실행할 수 있는 액션플랜을 세우고 작은 것부터 시작해보자.

희망 은퇴자산을 얻기 위해 현재 자산을 파악하고, 남은 직장생활을 감안하여 은퇴시점까지의 예상 소득을 따져보면 부족분이 얼마인지도 알 수 있다. 이 금액을 채우는 데 필요한 추가수입이나, 종잣돈을 불려줄 방법에 더 집중하다 보면 행복한 은퇴를 위해 조금씩 변해가는 자신을 발견하게 된다.

아무 계획 없이 막연한 불안감을 가질 필요는 없다. 단 한 페이지지만 나만의 은퇴계획을 일단 세우고, 구체적인 액션 플랜을 조금씩 적어나가면서 천천히 대비해나가도 늦지 않다. 일단 시작하면 불안감은 눈 녹듯 사라지고 점점 자신감이 생길 것이다. 제일 경계해야 할 부분은 걱정만 하다가 은퇴시점을 맞는 경우다. 그러니 일단 적어야 한다. 적는 것이 가장 중요하고, 적다 보면 헤쳐나갈 길이 보인다.

3. 진정한 슈퍼리치의 수첩 적는 노하우

1. 하루 7분이면 충분하다.

자투리 시간을 활용한다. 아침이든 점심 식사 후 자투리 시간이든 상관없다.

2. 자신만의 포켓용 수첩을 항상 휴대하고 다닌다.

괜히 큰 다이어리를 쓸 필요는 없다. 얇고 가벼운 것을 선택하자.

3. 하루에 단 한 줄이라도 적는다.

적다 보면 진지해 지고 좋은 아이디어도 떠오른다.

4. 1주일에 한번 또는 월 1회 정도 자신만의 보관용 수첩에 옮겨

적는다.

자연스럽게 3년, 5년, 10년의 인생 계획을 그려볼 수 있다.

5. 경제독립 부분은 구체적인 투자와 병행하여 성공확률을 높인다.

예를 들어 가까운 금융기관에서 증권계좌를 개설하고 스타벅스 주식 등 단 1주라도 좋으니 투자를 실행해 보자.

6. 하루에 제일 중요한 목표(A,B,C목표)를 적는다.

세상에서 가장 소중한 사람은 자신이기에 매일 매일의 기록은 내 인생의 소중한 역사가 된다.

7. 소소한 행복을 적는다.

가족과 주말에 영화관에 간 일, 부모님께 안부전화 드린 일도 좋고 고생한 나를 위해 책을 읽거나 갖고 싶은 물건을 구입한 것도 적어보자. 나의 자존감을 높여주며 1% 진정한 슈퍼리치로 거듭나는 가장 큰 동기부여가 된다.

에필로그

하루 7분으로 인생이 바뀔 수 있을까?

대부분 사람들은 고개를 가로젓는다. 나 역시 그중 한 명이었다. 하루에도 수천 번 생각이 바뀌고 무엇 하나 마음먹은 것을 제대로 실행하기가 어려운 것이 사람이지 않은가? 제일 편하게 사는 것은 그냥 아무 생각 없이 사는 거라 믿었다. 다람쥐 쳇바퀴 돌듯 직장생활에서도 그저 회사생활만 열심히 하면 마치 아무 일 없는 듯 내 일상은 평온하리라 믿었다.

하지만 혈기왕성했던 30대가 지나고 50을 바라보는 지금 현실에 안주하는 삶은 죽은 삶이나 다름없다고 믿는다. 미친 듯이 직장 일만 열심히 하던 30대 후반을 지난 어느 날 문득 회의감이 찾아왔고, 그 답을 찾아 PB가 되었으며, 1% 성공자와 슈퍼리치를 만나는 과정에서 답답함의 해답을 찾으려 노력했다. 오랜 방황 끝에 찾은 해답은 '세상에서 가장 소중한 사람은 바로 나'라는 자각이었다. 그토록 소중한 나 자신과 단 한 번밖에 주어지지 않는 인생을 최고의 삶으로 만드는 방법 중 한 가지는 의외로 단순했다.

내가 갈망했던 1% 성공자들은 모두 하루 7분 정도의 시간 투자로 하루를 알차게 보내기 위해 노력했고, 그들도 실패와 성공을 반복했지만 결국 성공률을 높여 즐겁고 행복한 삶을 살아가고 있다는 점을 나는 발견했다.

슈퍼리치가 보여준 메모습관은 생각보다 큰 위력을 발휘했고, 그들이 바라는 꿈을 현실로 만들어주었다. 그래서 나 역시 그들처럼 변하기 위해 노력했다. 슈퍼리치의 자산 말고도 나의 자산도 바로 잡았다. 자본이 일을 할 수 있게 국내와 해외 주식에 대한 투자습관을 정립했고 몇 년 지나자 투자수익률로 작은 결실들을 볼 수 있었다.

수익형 부동산에 대한 투자 역시 고정적인 월세 수입이 발생하며 자본이 일을 하게 만드는 귀중한 종잣돈으로 쌓여갔다. 1% 능력을 갖추기 위해 자격증을 취득하거나 대학원에 진학하는 일도 실행하게 되어 대학교 졸업 후 30년 만에 부동산대학원에 진학했고, 좋은 인맥도 체계적으로 관리할 수 있게 되었다. 머리로만 기억하고 행동했더라면 이런 일들을 꼼꼼하게 챙긴다는 것이 불가능했을 것이다. 하지만 1% 성공자와 슈퍼리치들이 그랬던 것처럼, 나만의 수첩 '마이 라이프북'을 활용하여 시행착오를 거듭하며 슈퍼리치의 메모습관을 접목시켰을 때 효과는 배가되었다.

슈퍼리치가 100억 원대 수익형 부동산에 투자했다면 나는 내게 맞는 종잣돈으로 수익형 부동산에 똑같이 투자하여 월세수입을 창출했고 주식투자에서 역시 4차산업혁명의 과실까지 누리게 되었다. 매일 7분 내외의 짧은 시간만으로도 아침이나 저녁에 슈퍼리치의 메모습관을 따라해 보니 손해볼 것은 별로 없었다.

직장생활은 갈수록 힘들어지고 사회는 급격하게 변하고 있지만 시류에 휩쓸리지 않고 나 자신의 중심을 잡을 수 있었던 것은 바로 내가 만났던 1% 성공자들, 슈퍼리치들의 메모습관을 나에게 맞게 접목시켜나갔기 때문이리라. 머리가 아닌 종이에 적는 메모습관의 힘은 생각보다 크다. 한 해가 가면 또 새로운 한 해가 시작된다. 연말 연초 큰 마음을 먹고 다이어리를 장만하고 새 수첩을 적어보지만 작심삼일에 그

칠 때가 많고 막상 무엇을 적고 계획을 세워야 하지 막막할 때가 많았는데, 대부분의 사람들이 실패하는 이유는 조금이라도 따라해볼 만한 구체적 성공 모델이 없어서라는 생각이 들었다. 스스로 메모 좀 한다는 내가 그랬다.

　우리가 이루고 싶은 수많은 꿈 중에 더 이상 회사에 출근하지 않아도 경제적 자유와 시간적 자유을 쟁취할 수 있게 만드는 경제독립의 꿈을 이루기 위해서라도 내게는 이미 그 꿈을 이룬 사람들의 성공 모델이 필요했고 갈팡질팡하는 내 인생의 목표 역시 흔들림없이 추진할 수 있는 유익한 도구가 필요했다. 단편적으로 돈을 많이 벌어 나 혼자 잘 먹고 잘 살자는 뜻이 아니다. 인생의 목적이 단지 나의 입신양면이라면 얼마나 초라한가? 단 한 번뿐인 소중한 내 인생을 방치하지 않고 무엇인가 변화를 꿈꾸며 세상에 흔적을 남기고 싶다면 진정한 슈퍼리치의 메모습관을 한번쯤 따라해보자.

　간단하게는 예금통장의 만기일부터 3년 후, 5년 후 내가 되고 싶은 모습까지 그려보자. 그동안 실패와 시행착오의 겸험을 녹여 마이 라이프북에 당신만의 꿈을 그려가되 도움을 받을 수 있도록 최소한의 양식을 추가했다. 누구나 첫 출발은 쉽지 않다. 출발을 했어도 방향이 올바른지 헷갈릴 때가 있다. 시행착오를 줄이는 것이 중요하고 가장 좋은 방법은 나에게 맞는 습관이 장착될 때까지 이미 슈퍼리치가 된 사람들의 메모습관을 먼저 따라 해보는 것이다.

간단한 예로 일상이 되어 버린 커피 마시는 습관을 생각해 보자. 처음 아메리카노 한 잔을 마시던 때, 믹스커피에 익숙해져 있던 입맛은 아메리카노의 쓴 맛에 얼마나 저항했던가? 하지만 카페가 편의점 수만큼이나 골목길에 자주 보이는 지금 당신의 입맛은 어떤가? 자연스럽게 아메리카노, 라떼 등 다양한 커피를 즐기고 있지 않은가?

하루 7분 슈퍼리치의 메모습관은 당신이 처음 아메리카노를 마시던 것과 다르지 않다. 처음에는 쓴 맛 외에는 별 맛을 못 느꼈지만 지금은 친구를 만날 때, 공부하거나 책을 읽을 때 습관적으로 마시는 아메리카노 한 잔처럼, 메모습관은 당신의 성공인생에 멋진 동반자가 되어줄 것이다.

끝으로, 나를 비롯해 많은 이들이 자신의 꿈을 이룰 수 있게 해준 마이 라이프북의 일부를 첨부한다. 전부는 아니지만, 중요하다고 생각되는 부분을 골라 수록했으니 자신의 꿈에 대한 계획을 짜보고 싶은 사람은 펜을 들고 메모습관을 실천하길 바란다. 그리고 이를 시작으로 가장 소중한 당신만의 마이 라이프북을 만들어나가길 힘차게 응원한다.

My Life Book의 자세한 사용 방법을 알려드립니다.

My
Life
Book

지금까지 걸어온 내 인생을 솔직하게 적어보세요

나의 꿈

No.	꿈 목표

	꿈 가격	달성일

DREAMS

가장 소중한 나의 꿈 3가지

누구나 세 가지 꿈 정도는 적을 수 있습니다.
부자 되기, 가족과 여행 가기 등 단순하게라도 좋습니다.
우선은 적는 것이 중요합니다. 꿈은 이루어집니다.
자신을 믿고 꿈 목표 세 가지를 적어봅시다.

1

2

3

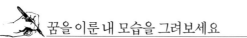

꿈을 크게 꾸세요. 꿈은 클수록 좋습니다.

1% 목표	
필요 핵심 역량	

1% 목표	
필요 핵심 역량	

핵심역량은 구체적일수록 좋습니다

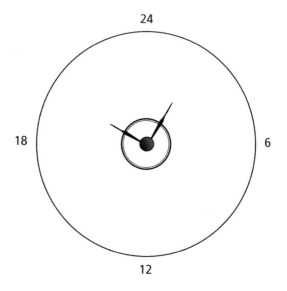

꿈의 목표	1% 목표	
	필요시간	
액션플랜	1일 공부	
	예상 일수	

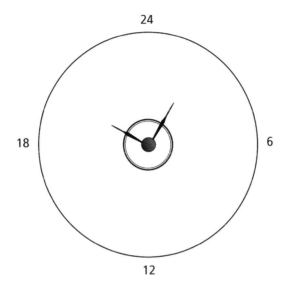

꿈의 목표	1% 목표	
	필요시간	
액션 플랜	1일 공부	
	예상 일수	

Year	Plan
현재 ~ 5년	

Year	Plan
5년 ~ 10년	

행복과 건강을 위해
해야 할 일은 무엇일까요?

행복한 부자가 되는 원리

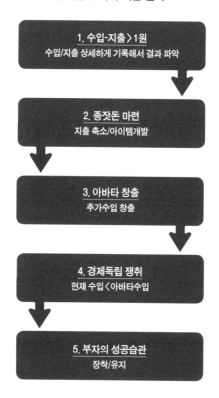

1. 수입-지출>1원
수입/지출 상세하게 기록해서 결과 파악

2. 종잣돈 마련
지출 축소/아이템개발

3. 아바타 창출
추가수입 창출

4. 경제독립 쟁취
현재 수입<아바타수입

5. 부자의 성공습관
장착/유지

부자가 되면 하고싶은 일을 적어보세요

경제독립을 쟁취하는 순간
시간적 자유와 경제적 자유를 얻게됩니다

수입

항목	금액(원)
수입합계	원

최고의 수입 창출법=자신의 가치 Up

경제독립 첫 걸음

지출

항목	금액(원)
지출합계	원
수입-지출	원

수입과 지출 정확히 파악하기

고정지출

항목	금액(원)
월 합계	원

행복한 부자 되는 꿈

변동지출

항목	금액(원)	절약방법(금액)
월 합계	원	

가계부앱을 사용하여 불필요한 지출을 줄여보세요

가계부 쓰기 (월간/연간)

월	구분		누계(원)
1	수입		
	지출		
	순이익		
2	수입		
	지출		
	순이익		
3	수입		
	지출		
	순이익		
4	수입		
	지출		
	순이익		
5	수입		
	지출		
	순이익		
6	수입		
	지출		
	순이익		
반년합계			원

월	구분		누계(원)
7	수입		
	지출		
	순이익		
8	수입		
	지출		
	순이익		
9	수입		
	지출		
	순이익		
10	수입		
	지출		
	순이익		
11	수입		
	지출		
	순이익		
12	수입		
	지출		
	순이익		
연간합계			원

매월 불필요한 지출을 줄이면 아바타 창출을 위한 종잣돈이 모입니다

목표/금액/만기일	액션
1	청약통장 가입
내집마련 원 년 월	월 불입액: 금리:
2	적금, ELS, 보험 등
교육자금 (은퇴자금 등) 원 년 월	
3	금융 아바타 창출
펀드 원 년 월	

부자가 되는 가장 빠른 방법은?
CEO/주주 되기

플랜	재원 조달 방법
월 일	
원	
%	

투자금액/만기예상	재원 조달 방법
/	
/	
/	
/	
/	

투자금액/이익	재원 조달 방법
/	
/	
/	
/	
/	

주주가 되는 방법은?
여유자금으로 우량주식/펀드 장기투자

목표/금액/만기일	액션
4	금융 아바타 창출
주식 원 년 월	
5	캐시 카우 창출
수익형 부동산 원 년 월	
6	

부자들의 특징
아바타를 많이 가지고 있음

플랜	재원 조달 방법
투자금액/이익	
종류/매월 수익	재원 조달 방법
종류/매월 수익	재원 조달 방법

아바타란?
나를 대신해 수익을 올려 줄 모든 것

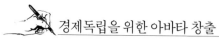

현재 아바타 목록

미래 아바타 목록

연간 기대 수익	예상 소득 기간	비고

연간 기대 수익	예상 소득 기간	비고

세상에 불가능한 꿈은 없습니다

은퇴시점

은퇴시점 자산

은퇴 후 직업

은퇴 후 생활비

구체적 은퇴 계획 세우기

액션플랜

No.   나의 마음가짐 / 좋은 글

긍정만큼 꿈에 좋은 영양분은 없습니다

구분	목표
대목표	
중목표 3가지	

인류공헌

액션플랜

Contribution to Humanity

우주에 나만의 멋진 흔적을 남겨봅니다

당신은 무엇이든 할 수 있는 위대한 존재다

10년 뒤의 내 모습을 그려보세요

슈퍼리치의 메모

초판 인쇄 2019년 9월 9일
초판 발행 2019년 9월 20일

지은이 신동일
펴낸이 김승욱
편집 김승욱 심재헌 장윤정
디자인 김선미
마케팅 최향모 강혜연 이지민
홍보 김희숙 김상만 이천희 이가을
제작 강신은 김동욱 임현식

펴낸곳 이콘출판(주)
출판등록 2003년 3월 12일 제406-2003-059호

주소 10881 경기도 파주시 회동길 455-3
전자우편 book@econbook.com
전화 031-8071-8677
팩스 031-8071-8672

ISBN 979-11-89318-14-7 03320

이 도서의 국립중앙도서관 출판시도서목록(CIP)은 e-CIP 홈페이지(http://www.nl.go.kr/ecip)와 국가자료공동목록시스템(http://www.nl.go.kr/kolisnet)에서 이용하실 수 있습니다. (CIP제어번호: CIP2019034172)